EL
LADO
B
DE LAS
EMOCIONES

EL
LADO
B
DE LAS
EMOCIONES

Dr. EDUARDO CALIXTO

AGUILAR

El papel utilizado para la impresión de este libro ha sido fabricado a partir de madera procedente de bosques y plantaciones gestionadas con los más altos estándares ambientales, garantizando una explotación de los recursos sostenible con el medio ambiente y beneficiosa para las personas.

El lado B de las emociones
*Descubre lo más profundo de tu lado oscuro
para alcanzar el equilibrio y la felicidad*

Primera edición: junio, 2023

D. R. © 2023, Eduardo Calixto

D. R. © 2023, derechos de edición mundiales en lengua castellana:
Penguin Random House Grupo Editorial, S. A. de C. V.
Blvd. Miguel de Cervantes Saavedra núm. 301, 1er piso,
colonia Granada, alcaldía Miguel Hidalgo, C. P. 11520,
Ciudad de México

penguinlibros.com

ISBN: 978-607-383-095-9

Impreso en México – *Printed in Mexico*

Para Merit, mi hija, por las risas, las lágrimas
y el aprendizaje maravilloso de la vida
a través de tu inocencia.

ÍNDICE

A manera de prólogo

Las emociones nos acompañan todos los días de nuestra vida, están presentes en cada instante, no es posible vivir alejado de ellas. Sin emociones no seríamos la especie ni los humanos que somos. Expresar el amor es tan necesario como comer o dormir; la condición de empatía es necesaria en nuestra salud mental, el cerebro humano necesita la compañía de otros. Cuidar a nuestros genes en la siguiente generación, a través de nuestros hijos, se convierte en un eje que promueve cierto tipo de conductas, modifica otras y las que tenemos. Cuando las emociones no son canalizadas adecuadamente pueden tomarnos por sorpresa y expresarse en situaciones y espacios no apropiados que probablemente nos generen molestias o propician conductas que nada tienen que ver con el momento en que se generaron.

Muchas de nuestras conductas cotidianas están arraigadas en diversas emociones que no siempre son recientes. La gran mayoría vienen de un aprendizaje, incluso antiguo, y a veces no sabemos por qué existen en nuestra vida ¿Qué me hace enojar?, ¿por qué lloramos con algunos estímulos?, ¿por qué asocio dolor y desagrado o tristeza con recuerdos? La gran mayoría de los seres humanos convertimos rápidamente nuestra frustración en tristeza y el enojo en agresión, la angustia se combina con la depresión. Este es el inicio de algunos trastornos de la personalidad y al mismo tiempo la clave de la terapia psicológica que ayuda a darnos una explicación sobre el origen de los conflictos personales. Tenemos emociones que generan dolor moral, favorecen la frustración, calman la angustia o nos vuelven adictos a repetirlas.

El proceso emotivo tiene un detonante consciente, pero su mantenimiento puede estar inmerso en la actividad de un sistema de neuronas que nos hace ignorar el origen o cambiar el detonante. El sistema nervioso simpático y parasimpático (ambos conocidos como el sistema nervioso autónomo) pueden prolongar la emoción por más tiempo, desensibilizarnos o llevarnos al otro extremo en el cual todo es una posible amenaza, provocar una conducta agresiva y disfuncional. Estas condiciones son el origen de la aparición de muchos signos y síntomas de la respuesta de nuestro cuerpo que comúnmente no solemos ver cuando una emoción nos atrapa, por ejemplo: taquicardia, resequedad de la boca, dilatación de las pupilas, la sudoración permanente, incremento de los niveles de glucosa en la sangre, temblor en las manos o en las piernas, modificar la manera y el tono de cómo hablamos o la velocidad con la que estamos pensando. Ese es el lado B de las emociones, que a veces es necesario detectar. Hacerlo consciente y trabajarlo en la terapia psicológica, tenerlo presente para nuestra salud mental.

Las emociones detonan muchas de nuestras funciones cognitivas, de nuestra memoria y expresión de nuestras decisiones, sabemos que las personas que no canalizan adecuadamente sus emociones pueden tener una tasa de mortalidad entre un 15 a 20% mayor respecto a las personas que dan cabida suelta a su emoción; es decir, quienes manifiestan sus emociones son capaces de cambiar y adaptarse mejor a las condiciones de la vida, lo cual permite disminuir la posibilidad de muerte por infarto o enfermedades crónico degenerativas.

El cerebro es el órgano en donde se inician las emociones, en donde viven, en donde están los recuerdos, en donde se fortalecen y se proyectan las decisiones. Las emociones no nacen, las vamos haciendo a lo largo de nuestra vida a través de aprendizajes y procesos cognitivos que nos van transformando. En nuestro rostro se manifiesta, en menos de 1 segundo, la emoción que procesa el cerebro.

No hay un circuito específico de la tristeza, de la angustia, la felicidad o el enojo, sin embargo, hay muchos grupos neuronales que se activan de acuerdo con la manera como hemos interpretado el factor emotivo, de tal manera que muchas emociones activan varias áreas cerebrales en común. Cada vez que nos enojamos, disfrutamos un momento o estamos tristes, el cerebro pone atención de manera selectiva durante unos instantes. Por eso muchos de los eventos a veces son confusos, los vamos editando a nuestra opinión o conveniencia. Esto es el origen de los flashbacks en nuestros recuerdos, es el origen de nuestros sesgos cognitivos o la causa de somatizaciones diversas, como el dolor de cabeza, el dolor abdominal o la tristeza crónica.

Es un hecho que nuestras emociones son una interacción dinámica entre los genes, nuestra biología y nuestro entorno; cada uno de nosotros vamos haciendo asociaciones aprendidas. El cerebro humano es el producto de una evolución de más de 200 millones de años, de esos, 53 millones son a partir de la evolución de los primates.

Las emociones son importantes para nuestra salud, para nuestra supervivencia, para nuestra adaptación, pero también para individualizarnos y eventualmente adaptarnos mejor a condiciones sociales. Las emociones comienzan con cambios moleculares que eventualmente modifican las conexiones neuronales y esto implica que el cerebro organice e interfiera, decida poner o no atención a lo que da origen a nuestros detonantes de emoción.

El cerebro humano puede identificar una carcajada o una lágrima de manera inmediata, en menos de dos segundos. Tenemos neuronas especializadas que nos proyectan la emoción reflejada en los ojos de la persona que tenemos enfrente; a su vez, se espera que el otro

percIba la nuestra al mismo tiempo. Así, con cada emoción aprendemos, valoramos y también sensibilizamos.

El cerebro otorga más atención a los detonantes negativos de la vida (una grosería, un malentendido, un grito, un chisme). Es decir que, en lugar de ver o analizar las cosas que nos suceden a diario en realidad son, un 74% nos forzamos a verlas como queremos que sean o hubieran sido.

Este libro, *El lado B de las emociones*, es sólo un pequeño esbozo de lo mucho que nos sucede y cómo nos afectan estas actividades neuronales conocidas como alegría, miedo, tristeza, ira, asco, etc. De lo que no nos explicamos y dejamos irresuelto. Del origen de circunstancias que a veces, al hacerlas conscientes o entender su causa, pueden ayudarnos a comprender, entendernos mejor y así sufrir menos. Es importante saber que no es incorrecto o malo sentir cualquier emoción, que por su naturaleza nos autolimitan, pero si perduran mucho tiempo, ellas se apropian de nuestra lógica y congruencia, nos atan al pasado, interfieren en el ahora y son capaces de cambiar el cómo vemos nuestro futuro.

01
PRIMERA

PARTE

El cerebro emotivo

Tu cerebro es el que ríe, el que llora, a veces odia y por momentos extraña. Puede analizar entre 10 a 10.5 millones de datos por segundo; con esa velocidad y capacidad de análisis podemos hacer tantas cosas en la vida, por ejemplo, realizar 48 pensamientos por minuto, que equivalen en promedio a 2880 ideas en una hora y a esta velocidad nuestras neuronas pueden tomar 2160 decisiones al día. ¡Maravilloso, en verdad!

El humano cree ser siempre indulgente, benévolo, objetivo, analítico e inteligente, pero... nuestras neuronas se equivocan, sobre todo cuanto más se emocionan. Cuando una emoción aparece, disminuye la lógica y la congruencia, a cambio se incrementa la memoria, pero se pierden gradualmente los frenos sociales. La amígdala cerebral le gana la partida a la corteza prefrontal y ese momento puede ser

...al en la toma de decisiones, en la manera como ha-... ...amos o como dejamos que el evento siga adelante, o ac-tuemos definitivamente y tomemos un camino irreversible. Los recuerdos se vuelven menos intensos y detallados con el paso del tiempo, conservándose únicamente lo esencial.

La actividad neuronal es increíblemente más rápida para juzgar a los demás, que para dictaminar los errores de uno mismo. Este proceso tiene dos puntos: solemos ser duros jueces de los demás, pero no valoramos nuestra responsabilidad en momentos críticos, siendo menos ofensivos con el mismo escrutinio hacia nosotros. Este evento cerebral es más fuerte cuando la emoción se acompaña de ideas y conocimientos preconcebidos. De la misma manera, el cerebro que no sabe ser feliz tiene antecedentes en las primeras etapas de la vida, de niños sufrieron muchas críticas o castigos por mostrar alegría. Los cerebros que fueron engañados, violentados o maltratados, tienen una gran probabilidad de no saber expresar y detectar las emociones en la etapa adulta, su lectura de las emociones en la sociedad está disminuida, suelen repetir los ciclos de violencia, agresión pasiva y rencor, generando con esto un proceso de aprendizaje para las siguientes generaciones, una espiral de violencia que cambia redes neuronales y deja cambios anatómicos que inciden en modificaciones bioquímicas del cerebro.

El común denominador de un cerebro que no conoce sus emociones es, no otorgarlas, calificarlas erróneamente o desestimarlas. Si un cerebro no tiene adecuada convivencia social ni retroalimentación de ideas, es posible que guarde la expresión de sus sentimientos, que oculte sus gustos u omita lo que le lastima. No cree que las otras personas podrán entender su dolor o su felicidad, por ejemplo, la tristeza es el sentimiento que se detecta inmediatamente y la risa es lo que más rápido se comparte. Si el cerebro ha tenido antecedentes traumáticos psicológicos inmersos en una sociedad adversa, las emociones llegan a tener componentes poco comunes.

Cuando hay situaciones donde las experiencias son breves o repentinas el cerebro diluye la conservación de los recuerdos y la memoria es inexacta, muchos de nuestros recuerdos son tergiversados, por ello, las emociones son fundamentales en la vida pues están presentes como amplificadores de los procesos moleculares y sinápticos de la memoria y la atención, pero el cerebro también puede bloquear otras señales, haciendo que otros tipos de aprendizajes y emociones sean subjetivos, es decir, aprendemos de unas cosas y puede hacer que otros elementos nunca se consoliden. En lo general, una memoria o un recuerdo son más fuertes y se quedan más en nuestro cerebro cuando están acompañados de alegría, enojo o tristeza. Una sonrisa cambia la memoria. Si un rostro nos sonríe, la evocación del nombre de la persona es más fuerte y lo recordamos mejor.

Las emociones también pueden ser coactivadores, son potenciadoras entre ellas o en su caso inhibidoras entre sí, por ejemplo, sólo necesitamos de un evento negativo para disminuir la felicidad o bloquear la satisfacción que habíamos construido en todo el día. Las personas con mayor capacidad de asombro expresan generosidad con más frecuencia. Cuesta mucho trabajo sumar y unir los motivos para ser felices.

Las emociones tienen un impacto en la salud. Las personas depresivas resultan más vulnerables ante el dolor y corren mayor riesgo para desarrollar un síndrome de dolor crónico. Los individuos con depresión paradójicamente soportan más las situaciones negativas sin resolverlas, mientras que las personas sin ese trastorno de la personalidad buscan superar el problema con estrategias sociales y psicológicas.

El lado B de las emociones tiene elementos interesantes para entendernos mejor, por ejemplo, cuando obtenemos como resultado de nuestro trabajo ganancias a través de un gran esfuerzo y privaciones, pero sin hacerlo consciente, el 74% de la población de este mundo se hace egoísta de forma transitoria, les cuesta trabajo compartir, más aún cuando las personas que solicitan nuestra ayuda no son cercanos a nosotros o difícilmente aprecian nuestro esfuerzo.

La empatía que tenemos por nuestros hijos, familiares o grandes amigos llega, a veces sin pensarlo, a favorecer la marginación y la desvalorización de las personas que no pertenecen a nuestro grupo de confianza. A veces, tener sesgos por empatía con un grupo de personas a los que queremos incondicionalmente, nos lleva a tomar decisiones poco inteligentes con otras personas de manera indirecta. No somos igualitarios con personas que queremos, respecto a con quienes no tenemos apegos o no conocemos lo suficiente.

La preocupación y la tristeza no se expresan verbalmente tan fácil, incluso a veces no se detectan en primera instancia. En contraste, la amabilidad o la descortesía se exteriorizan con mayor facilidad, por supuesto, su reclamo es inmediato y el cerebro busca consecuencias rápidas que generan satisfactores, ya sea exigiéndolos o premiando cuando alguien nos regala una sonrisa o una palabra amable.

Nuestro cerebro tiene un aprendizaje de nuestra existencia derivado de la construcción de eventos pasados, es común que otras personas no lo entiendan, lo tergiversen y no les agrademos. Las personas a las que no les caemos bien es porque, en la mayoría de los casos, proyectan ideas o prejuicios sobre nosotros como también nosotros lo hacemos con otros individuos. El cerebro se hace egoísta y disminuye la relación social. Caernos mal tiene varias aristas de origen, pero la más común es que irritamos, cuestionamos o representamos los complejos de otros, su giro del cíngulo e hipocampo generan interpretaciones e ideas preconcebidas sobre uno y proyectan en nosotros sus incapacidades intelectuales. De origen, caernos mal o interpretarnos inadecuadamente no es correcto, por lo que deberíamos considerarlo en el futuro para no tener estos sesgos.

El cerebro humano de los 7 a los 14 años de edad tiene un periodo de construcción de plasticidad sináptica, de manera dinámica realiza una reconexión neuronal entre la corteza prefrontal con la amígdala cerebral, con el hipocampo y el giro del cíngulo con la ínsula. Las emociones se aprenden y tienen a su vez un proceso de entendimiento y construcción de frenos sociales en este periodo de la vida. Estas nuevas conexiones y comunicaciones neuronales son determinantes anatómicos que se utilizan en la etapa adulta. Esta es una de las razones por las cuales a esta edad se constituye un determinismo social psicológico que infiere y llega a ser definitivo con lo anatómico, lo fisiológico y lo neuroquímico para las futuras emociones. Así se construye el hecho de que quien hiere tiene dolor oculto, o quien miente tiene vacíos y mucha soledad asociada. Es entendible que a esa edad se aprenda la burla, reconociendo que quien se burla es porque también se burlaron de él y es su manera de presentar emociones para llamar la atención; como el envidioso, que tiene frustraciones y soledad en este periodo de su vida.

Conocer el lado B de las emociones nos puede ayudar a entender que no se resuelven los problemas con el mismo pensamiento y emoción con los que se crearon o experimentaron. Ser benignos para saber qué es y qué representa cada emoción, llamarla por su nombre, no evitarla y experimentarla, ayudará al cerebro a entender que sin errores no se intenta nada nuevo. También se debe saber el límite para conocer cuando ir más allá de ellos, con cautela y un mejor aprendizaje.

El ego también tiene su lado B, el ego es la valoración que hacemos de nosotros, puede ser la base que sustenta la búsqueda del ser mejor, lo que nos lleva a ser competitivos. El ego es el que va pidiendo una mayor cuota de éxito y si es adecuadamente controlado, genera crecimiento y desarrollo personal profesional. Pero este circuito de crecimiento y aprendizaje puede hacer un ego inadecuadamente regulado. ¿Cuáles son los datos de esto? Un ego que rebasa límites genera una obsesión por la opinión de los demás, lo que acorta la libertad de decisiones, ya que predomina el miedo al rechazo ante la posibilidad de cambios. Lo anterior genera emociones encontradas, pues hacer algo para agradar a otros no siempre tiene un final feliz. El ego no dominado alardea, no permite profundidad en las interacciones sociales y el resultado es otorgar un conocimiento superficial. Poco a poco, los ególatras alejan a los demás y se van desconectando de la realidad, generando barreras ideológicas y emotivas. El cerebro que acepta la realidad, dialoga mejor. Todos tenemos un ego que a veces se escapa, pero debemos controlarlo.

MOTIVACIÓN

Las emociones: la motivación es fundamental para aprender, para inducir cambios en la conducta y procurar una mejor relación con los demás. El cerebro es más eficiente cuando sabe que la meta está cerca. Saber que estamos a punto de acabar, hace mejor y más rápido la tarea.

El lado B: el cerebro desea con menor intensidad lo que ya tiene, o cuando considera seguro lo obtenido, esto reduce la motivación y la atención.

El lado B de mis groserías

¡Viva México Cabr...!
¡Ya ni la chin....!
Esto es una mierd...
Pendejito, eso es lo que eres...
Hijo de pu...
¡Tarado, imbécil!

Cabrón es el macho de la cabra, mamífero rumiante que se relaciona con un carácter hostil, dominante, que resulta molesto; asociado a actividades de macho. Chingar es un sinónimo de molestar, estropear o fastidiar, pero como ha sido utilizado en el último siglo por personas de escasa cultura, su uso se vuelve ofensivo. Mierda es un sinónimo de excremento o porquería, lo cual, como proceso fisiológico a nivel cerebral nos genera asco de manera inmediata y la asociamos a enfermedades, de ahí que la respuesta al escucharla son palabras que generan emociones como: asco, enojo y hasta risa. Un pendejo es un pelo del pubis, asociado a poca edad y que se relaciona con inocencia, pero también se le puede otorgar el adjetivo a una persona despreciable. La palabra puta o prostituta, se refiere a una persona que cobra o saca ventaja económica a través de un intercambio sexual, pero también se asocia al femenino de algunas especies de mamíferos como la zorra o la perra. Finalmente, un tarado o un imbécil se refiere a una persona que tiene poca inteligencia o ha perdido el juicio y sus conductas no tienen lógica. Es decir, una grosería tiene un origen de palabras que la gran mayoría de las personas desconocen y su aprendizaje en el día a día ha sido para utilizarlas como detonante de ofensa, una llamada de atención o agresión. Cada país, sociedad o familia tiene sus groserías, en paralelo, lo que para alguien puede ser sumamente ofensivo para otros no tiene importancia. Las groserías para el cerebro tienen dos eventos importantes, uno conlleva los cambios inmediatos en la actividad neuronal del cerebro de quien las dice y, otro, por supuesto, los cambios de la actividad neuronal de quien las recibe e interpreta. Una misma grosería puede ser festejada en un estadio de fútbol y causar risa, mientras que en una casa puede romper una relación y por supuesto ser el inicio del divorcio.

Las malas palabras establecen una interpretación en el cerebro de acuerdo al contexto en que se dicen, del país en donde se escuchan y la forma como se otorga la frase. La gran mayoría son detonantes de emociones, pero lo increíble es que quien se ofende es porque no conoce el origen o el verdadero significado de la palabra. Recientemente, en

México, se buscó incrementar las multas para quien ofendiera al presidente a través de groserías, injurias u ofensas. Lo que resulta interesante es que tanto en nuestro país como en otros donde se presente este caso, ese punto tiene un efecto contrario. Al impedir o solicitar no decir groserías, el cerebro de quien recibe esta orden incrementa el deseo de vocalizarlas con mayor énfasis y emoción. Resulta contradictorio pedir a la gente que no diga groserías, la reacción es inmediata, las malas palabras se dicen con más fuerza y énfasis.

Las groserías o palabras altisonantes van relacionadas con temas sucios, adjetivos calificativos o verbos que generan vergüenza, culpas y dolor moral, también señalan temas de sexualidad y numerosos defectos. Pretenden obtener superioridad, marcan la inmadurez o la falta de inteligencia. Generan una disonancia cognitiva inmediata entre los grupos neuronales relacionados con la interpretación emotiva de los actos, el dolor y el juicio moral. Para maldecir con malas palabras, éstas deben ser dichas de una manera fuerte, con prosodia amenazante. Decir una grosería tiene toda una fase de activación neuronal, tanto para decirla como para interpretarse. Una mala palabra dicha con sonidos suaves hace que inmediatamente al cerebro le disminuya su intencionalidad; en contraste, palabras dichas, con una prosodia fuerte y con voz alta, activan más grupos neuronales y nos llaman la atención. Las palabras para que sean groseras deben tener una estructura fonética fuerte. Comúnmente cuando las palabras llevan la letra F suelen ser más agresivas u ofensivas, independientemente del idioma en que se hable.

Las groserías aumentan la atención, la memoria y generan una emoción inmediata, son detonantes de una activación del sistema límbico en el cerebro, especialmente la amígdala cerebral y áreas del hipocampo; a nivel neuroquímico, en menos de tres segundos, se incrementa la liberación de noradrenalina, dopamina y beta-endorfina; a nivel sistémico, la activación del hipotálamo, la glándula hipófisis y las glándulas suprarrenales dan como resultado la liberación de adrenalina, vasopresina y glucagón, impactando en un incremento de glucosa plasmática, cambios en la activación inmune e incremento en la frecuencia respiratoria y cardiaca, tanto para quien las dice como para quien las recibe o interpreta.

Una grosería alerta a las neuronas corticales, las relacionadas con la zona de interpretación de las palabras; al proceso cognitivo del dolor y a la memoria a corto plazo; nuestra atención focaliza los detalles de la cara del interlocutor, incrementa la presión arterial, disminuye la percepción de dolor y en ocasiones disminuye la motilidad intestinal. La sangre de nuestro cuerpo se mueve en su mayoría hacia el cerebro y músculos, es decir, se activa el proceso de lucha o huida.

Las groserías las decimos todos, y tienen una evolución en la vida, primero las decimos para agredir, eventualmente se asocian a procesos sociales de convivencia y después se convierten en palabras ocasionales de defensa. ¿Quién dice más groserías? Si bien no hay un determinismo para contestar esta pregunta, se sabe que personas de un medio socioeconómico bajo suelen decir más malas palabras, no obstante, también los altos grados académicos universitarios otorgan, con frecuencia, sus malas palabras. Sin embargo, también son comunes en personalidades extrovertidas, creativas y por contagio de un aprendizaje social de empatía y convivencia.

El cerebro dice groserías también en el sarcasmo, la sorpresa y el humor, las malas palabras o frases altisonantes incrementan la función y contenido de los mensajes. Aquí es cuando se puede rebasar la delgada línea del respeto o la interpretación como una ofensa social. A mayor actividad de corteza prefrontal, menos groserías. Este es el ciclo maravilloso de la vida social, las personas recatadas tienen una corteza prefrontal activa y muy bien regulada, pero cuando una emoción fuerte los atrapa, las palabrotas aparecen como una disminución de las neuronas prefrontales, generadas por el incremento de noradrenalina, por eso una persona puede trabarse al hablar, pero ser fluida al momento de sacar en secuencia palabrotas y ofensas.

Las groserías y el lenguaje vulgar expresan la emoción extrema de la ira y la frustración que el cerebro manifiesta en un tiempo muy corto. En la búsqueda de sentir alivio, las palabrotas permiten liberar beta-endorfina, una sustancia cerebral que se encuentra en el origen de la adicción, la felicidad y la disminución del dolor. Decir una mala palabra ayuda en ocasiones a tratar de adaptarnos mejor a circunstancias adversas. Disminuyen el dolor moral. Dependiendo de la circunstancia, decir groserías puede acortar la frustración y el enojo. En otros escenarios sociales puede advertir peligro o un incremento de la atención. Si al llorar decimos groserías, el llanto durará menos tiempo.

Pensar, decir, gritar una grosería no es una casualidad, es la expresión de una conducta que acompaña sorpresa, incomodidad, sensación de injusticia, llanto o dolor y con ello se trata de calmarlos o tranquilizarnos. No es del todo adverso decir groserías, pero resulta importante entender que no todos los individuos tienen el mismo contexto o emoción que nosotros, por lo que una grosería puede ser inapropiada dentro del contexto en el que estemos. De acuerdo con esto, hay muchas personas cuyo entendimiento de las groserías es inaceptable, esto se debe a un aprendizaje asociado a la culpa y vergüenza alojado en la corteza prefrontal. No hay manera de vencer sus límites, ellos no aceptan las groserías en ninguna circunstancia; este proceso prefrontal de su cerebro indica una adecuada conducta social y muestra el lado B de sus emociones, no empatan con bromas y malas palabras que consideran groseras. Su conducta es muy rígida en la búsqueda del cumplimiento de sus valores. Esto puede generar conductas de alejamiento e introspección, paradójicamente, sin ser groseros se vuelven antisociales.

ERRORES EMOTIVOS

Las emociones: las emociones como el enojo, la tristeza y el desprecio incrementan el metabolismo cerebral, las neuronas solicitan más glucosa y oxígeno. Por ello, son emociones que no pueden durar mucho tiempo, en contraste, son las que más atención demandan y por supuesto fatigan al cerebro.

El lado B: la mayoría de las cosas que nos disgustan tienen un proceso cultural asociado a elementos simbólicos de nuestra historia personal. Los recuerdos de la vida almacenados en el hipocampo emergen en los momentos menos oportunos como detonantes, de esta manera, entre

más negativo sea el inductor de tristeza o detonante de enojo, más rápido se cansa el cerebro.
La fatiga neuronal incrementa la probabilidad de
tomar inadecuadamente decisiones. Enojados y
cansados generamos más errores al decidir. El
cansancio genera y fomenta recuerdos desagradables. Estar muy cansado dificulta reprimir los
recuerdos desapacibles, solemos ser entonces
más sensibles a las cosas que nos salen mal.

La música y las emociones

El oído humano está capacitado para escuchar la música a partir del 7º mes de vida intrauterina. La música es un evento de cambios físicos a partir de la vibración en el aire que produce el sonido que, además, crea una fuerte cohesión social. A nivel psicológico incide directamente en la conciencia y la experiencia. Es un sistema abstracto basado en reglas que ayuda al desarrollo del pensamiento lógico del cerebro. La música al liberar dopamina, oxitocina, beta-endorfina y noradrenalina, asociada a actividad física y recuerdos, es una fuente de juventud. La música es un referente de nuestra biografía histórica. Una lista de canciones de nuestra juventud siempre nos pondrá felices.

La música en el cerebro tiene diferentes procesos neuronales: perceptual, emocional autonómico, cognitivo, conductual y motor. La música que más nos gusta se registra y ayuda a la plasticidad neuronal, de manera específica: a la aptitud musical (corteza auditiva primaria, hipocampo y el giro del Cíngulo); a entender la sintaxis (lóbulo frontal y surco temporal superior); y la semántica musical y el lenguaje de la música (áreas Wernicke y Broca). Aunque la música se procesa principalmente en el hemisferio derecho, las redes neuronales se solapan parcialmente en los dos hemisferios cerebrales con una considerable variabilidad subjetiva. El hemisferio izquierdo se postula para ser especializado en el procesamiento del ritmo.

La mejor terapia para nuestras emociones que incrementa a las que nos dan placer y mitiga a las incómodas, es la música. Ayuda a sentirnos mejor ante la enfermedad, de una manera rápida. Es un excelente sustento de ánimo, consuelo, optimismo, esperanza, es la mejor máquina del tiempo. Los cerebros necesitan canciones, notas de vida, recuerdos y lágrimas de música. En su mayoría, los sujetos sanos caminan más rápido y dan pasos más largos si escuchan una música rítmica durante la marcha. La música agradable induce a la relajación muscular, cambia el umbral del dolor, reduce la presión arterial, la frecuencia cardíaca y la respiratoria, además incrementa la saturación de oxígeno. Un cerebro musical tiene un ajuste fino en la coordinación sensorio-motora, favorece la memoria, la atención sostenida, la visualización espacial-temporal y el rendimiento de lectura. La música genera un estado neuroquímico particular, cambia la conducta e incrementa el rendimiento físico, fomenta la alegría, reduce el cansancio, disminuye el deterioro cognitivo de la enfermedad de Alzhéimer y activa la red neuronal que, por defecto, es la responsable de nuestra creatividad.

La música que nos gusta y nos identifica incrementa dopamina de una manera rápida, este estado neuroquímico atenúa de manera inmediata emociones como el enojo, asco, o condiciones como el estrés y la preocupación. Una de las estructuras neuronales más importantes que la música activa es el hipotálamo, capaz de modificar la liberación de hormonas o la percepción del tiempo, incluso modifica la temperatura. La música libera dopamina, oxitocina, acetilcolina, GABA, noradrenalina y beta-endorfina, que favorecen el aprendizaje y la memoria. Propicia la disminución del exceso de cortisol.

La exposición de 45 minutos a la música en solo dos semanas, puede inducir un incremento de la plasticidad neuronal cortical y del hipocampo, generando con ello comunicación entre áreas corticales y el mesencéfalo. Este periodo de musicoterapia es suficiente para disminuir de manera crónica los niveles de interleucinas, sustancias químicas del sistema inmune proinflamatorias; genera un incremento en la contracción cardiaca y la respiración se hace más profunda, promoviendo así, una mejor oxigenación. La música que más nos gusta es también capaz de incrementar la liberación de beta-endorfina, transformando la percepción del dolor e incrementando condiciones de placer a través de las canciones que mueven nuestra vida.

La música incrementa la relajación muscular y reduce el periodo para entrar al sueño más reparador, el sueño MOR. La música con ritmo rápido incrementa la probabilidad de reír, favorece estar alegre. La música es capaz de incrementar la velocidad con la que caminamos, ayuda mantener el equilibrio y es una excelente coadyuvante para el tratamiento farmacológico del dolor crónico, permitiendo una rápida recuperación. Actualmente, la música fortalece la terapia para reducir los efectos de las enfermedades neurodegenerativas.

Quien es capaz de tocar un instrumento, favorece más su plasticidad neuronal de tal manera que el hipocampo, el tálamo, el hipotálamo y el cerebelo incrementan su conectividad, así ayuda a conectar circuitos neuronales del movimiento. La musicoterapia favorece a la recuperación de funciones cognitivas perdidas. Personas mayores de 80 años al escuchar música de juventud tienen una mejor orientación espacial y temporal, además, incrementan su autoestima, disminuyen la ansiedad y mejoran los estados de depresión.

OLVIDAR EMOCIONES

Las emociones: los recuerdos más fuertes e importantes de la vida, sin darnos cuenta, dirigen nuestra atención. Las neuronas marcan condiciones muy emotivas con los recuerdos. A mayor emoción la memoria se facilita, pero lo hacen sólo los elementos significativos. No todo puede guardarse de manera eficiente, tenemos una capacidad de almacenamiento. Si nuestro cerebro fuera una cámara de video o una computadora, toda nuestra vida le correspondería almacenar hasta 3 millones de horas de película de manera ininterrumpida, que equivale a unos 300 años viendo la televisión sin parar (un almacenaje promedio de 2.5 petabits).

El lado B: inmediatamente después de un evento el cerebro comienza a modificar detalles de lo aprendido, cambia algunas secuencias temporales, modifica significados y sólo marca lo que considera más importante para repetirse, si es necesario. Ninguno de nuestros recuerdos ha sucedido como lo creemos, los hemos transformado. Se ha considerado que después de 8 a 10 años de haber transcurrido una ruptura, por ejemplo, solemos ver con menos dolor el proceso atormentador de aquel rompimiento, ya entonces lejano. Muchos de los eventos trágicos y dolorosos de la vida se van modificando por nuestras neuronas a partir de un mecanismo neurofisiológico que permite verlos sin tanto dolor o enojo al pasar el tiempo.

El Síndrome de Burnout y las emociones

El estrés crónico puede inducir una desregulación constante hormonal y fisiológica a nivel del eje hipotalámico-hipófisis-glándula suprarrenal, que consiste en una elevación de cortisol de manera crónica, lo cual impacta en la integridad de estructuras cerebrales necesarias para el procesamiento cognitivo. Lo caracteriza un agotamiento muy fuerte, un fenómeno ocupacional que resulta del estrés crónico en el lugar de trabajo. El síndrome tiene un impacto directo sobre la cognición, generando emociones desagradables y actitudes de riesgo lo que se traduce en un comportamiento negativo hacia el trabajo, hacia los compañeros, los usuarios/clientes y el propio ámbito profesional. El Síndrome de Burnout influye en un ambiente laboral, se encuentra atrás de los conflictos entre trabajadores. Este síndrome interrumpe tareas de trabajo, reduce la eficiencia y aumenta los tiempos de producción o de la obtención de resultados. Deriva en el contagio emocional del mal ambiente laboral, es gradual y progresivo, ocasiona los comportamientos contraproducentes, cada vez más desafiantes ante la autoridad y hacia los clientes o pacientes.

El agotamiento cambia la relación entre la persona y el trabajo, induce un distanciamiento mental, despersonalización, indiferencia y lo más desgastante es la cuantificación de la ineficacia profesional. Se conocen 3 tipos distintos de Síndrome de Burnout: 1) El frenético, el cual se caracteriza por sobrecarga intensa hasta el agotamiento, la actividad conlleva resolver problemas de varias instancias al mismo tiempo. 2) El desesperanzado, en el cual aparecen sentimientos de desaliento, sensación de falta de control sobre los resultados y nulo reconocimiento del esfuerzo invertido, optando por el olvido y el abandono como respuesta a cualquier dificultad laboral, que llevan a la incompetencia y nula dedicación. 3) El Bornout, relacionado a la perdida de desafíos, todo se convierte en cansancio por rutina y trabajo repetitivo, cuya conducta de escape conlleva a distracciones importantes y evitaciones. No sólo es cansancio, es insatisfacción laboral, con ausentismo, bajo rendimiento y comportamientos contraproducentes en el ambiente laboral.

La pandemia por COVID-19 ha ejercido una presión psicológica considerable en los trabajadores de la salud (psicólogos, enfermeras y médicos) lo cual trajo en consecuencia una mayor expresión de este síndrome. La forma y evolución de las consecuencias individuales (psicológicas, sociales, salud, conducta y laborales) no es igual en todos los casos. Se han descrito cuatro niveles de Síndrome de Burnout los cuales pueden ser progresivos:

1. **Leve:** aparecen síntomas físicos leves e inespecíficos como dolor de cabeza, lumbar o de espalda. Muestran fatiga y se vuelven menos operativos.

2. **Moderado:** surge el insomnio, el déficit de atención y disminución de la concentración. En este nivel, el desapego por el trabajo o los compañeros se transforman en irritabilidad, cansancio, aburrimiento, desmotivación progresiva, el individuo se encuentra emocionalmente agotado con sentimientos de frustración, incompetencia, culpa, y autoestima negativa.

3. **Grave:** el ausentismo laboral es lo que caracteriza esta fase, se le escucha al trabajador una aversión a las tareas, se inicia la despersonalización tanto de él mismo como de sus compañeros. Las adicciones y la utilización de fármacos son la fuente de escape o la búsqueda de cambios en la vida.

4. **Extremo:** las conductas extremas de aislamiento, la agresividad, violencia física y verbal se hacen crónicas. Se experimentan crisis psicológicas de aislamiento, ansiedad asociada a percepción de soledad o la aparición de auto presión, ideas e intentos suicidas.

El desgaste emocional se expresa en la pérdida del entusiasmo, agresividad, impulsividad y apatía; en el aspecto físico: con dolores, cambios en el sueño, ansiedad, disminución de la autoestima; y en lo mental, el estancamiento y autopercepción de frustración. El Síndrome de Burnout está presente en las profesiones que comúnmente ayudan y atienden a la gente. Sin embargo, también lo desarrollan pilotos, bomberos, periodistas, jefes de departamento de empresas, no es exclusivo del personal de salud.

EL ESTRÉS, NO TODO ES MALO

Las emociones: estresarse y adaptarse, ese debe ser el algoritmo eficiente de la vida moderna. No todo el estrés es dañino. Cierto estrés nos vuelve competitivos, a través de él podemos identificar alternativas posibles a problemas y buscar soluciones inmediatas a las adversidades. Pero para que este ciclo sea apropiado, el eutrés, como le llaman algunos especialistas, debe durar menos de 90 minutos, por arriba de ese periodo, el cerebro inicia cambios en sus conexiones y eficiencia de trabajo, además del desgaste metabólico y de algunos órganos del cuerpo.

El lado B: el estrés sostenido le quita años a la vida. Este es el inicio de una muerte neuronal progresiva en el hipocampo y sus efectos negativos en la memoria a corto plazo. El estrés sostenido es responsable de cambios en el peso, ya sea por una dieta inadecuada, por una disminución de la sensación apetente de la comida o por la ansiedad que inicia a reflejarse cuando se mantiene la condición estresante. Ante un estrés inacabable, ayuda mucho respirar profundo, tomando pausas para descansar. Jerarquizar problemas, es decir, saber que no todos se resuelven igual y tienen el mismo peso específico. El cerebro con estrés crónico necesita con mayor énfasis espacios de buen humor y distracción, dormir adecuadamente por arriba de 6 horas sería lo apropiado. No tener hambre y evitar las prisas ayudan a controlar al estrés. Pero, sobre todo, la oxitocina es el mejor antídoto en contra del cortisol sostenido, por lo que un abrazo, una palabra adecuada y una actitud solidaria, no cambia la realidad, pero sí disminuye el estrés.

Tú eres el culpable, yo nunca

Todos los días en la cotidianidad de nuestro mundo, en las palabras simples, en la convivencia, en las interpretaciones, ante los problemas, en nuestros prejuicios, dentro de los preceptos más íntimos, en nuestros conocimientos y las ideas que tenemos para que se proyecten, culpamos a otros para evadir nuestras culpas y errores. Sin ser una patología, esto es el inicio de muchas de nuestras decisiones, juicios y opiniones, buenas o no. Nuestro cerebro mezcla nuestro aprendizaje con las emociones del momento ante los diversos detonantes amenazantes, biológicos, psicológicos o sociales.

La proyección de lo que me molesta, así como de lo que me emociona, es una manera eficiente del trabajo de nuestras neuronas de la corteza prefrontal para evadir culpas de la amígdala cerebral y regular la vergüenza que conlleva la memoria del hipocampo. Solemos otorgar perfectamente a quien nos confronta la culpabilidad de los hechos, ellos son quienes no nos quieren. Nuestra subjetividad forma enemigos transitorios-terribles de nuestras tragedias para justificar nuestros actos, son los otros los que "no saben", los que se "equivocan", los que "no entendieron de razones". De esta manera, utilizamos nuestras emociones para justificarnos constantemente. Siempre deseamos buscar, acreditar y repetir lo que nos gusta, discutir según sea el caso, prefiriendo tener la razón, no aceptar que no nos quieran, pensar que tenemos la verdad absoluta y dominar nuestras malas experiencias adaptándolas, desensibilizándolas con la misma eficiencia que nos hace implorar, por parte nuestra, en otros escenarios una segunda oportunidad o en definitiva soportar la vergüenza que no podemos superar en otros casos. Este mecanismo es parte de la eficiencia de la actividad de nuestro cerebro, no obstante, el lado B de las emociones hace que tengamos sesgos, los que pueden alejarnos de la objetividad o en ocasiones buscar con algunas personas iniciar una discusión sólo por el placer de tener la atención de otros. O aún más, las personas que se enojan ante detonantes mínimos indican con mucha probabilidad que ya tienen su molestia atrapada en otro instante, con otras personas o que poseen una tristeza crónica de eventos que no han solucionado y que cualquier disparador o detonante les hace creer que la discusión, la ira o el llanto son el escape que diluye lo que cargan.

De manera por demás increíble, 61% de las personas que suelen estar enojadas o tristes de manera crónica, encorvan su cuerpo o adquieren una posición rígida que, al tensar sus músculos de la espalda, paravertebrales y el escaleno, generan o favorecen la aparición del dolor de espalda, cuello y cabeza. El tema no es lo que generó el dolor, sino el cómo lo disminuimos más rápido, tal vez con una simple explicación, una catarsis o dialogando con calma. Se conoce que 75% de las personas pretenden tratar estos dolores con analgésicos.

Las emociones a veces nos pueden engañar de manera transitoria, nos quitan límites o nos hacen reducir temporalmente el entendimiento social, paradójicamente, dos cerebros discutiendo se alejan cada vez más de la objetividad, sin darse cuenta de que sus puntos inflexibles los hacen buscar cómo manipular las cosas, a la vez que el desdén y los adjetivos que descalifican aparecen con más frecuencia y eficiencia. Llorar en una discusión termina por desesperar a uno, frustrar al otro y cansar a ambos. Ignorar es una de las emociones que más les llaman la atención a las neuronas del cerebro, en especial a la ínsula, el giro del cíngulo y por supuesto a la corteza prefrontal. Ignorarnos en un mensaje: "¡Te dejaron en visto!"; no seguir con la mirada el rostro de nuestro interlocutor, como desviar la mirada; o en definitiva escuchar un: "¡Ya cállate!", es insoportable para nuestro cerebro, nos lastima, hiere y genera enojo. Activamos más neuronas ante lo adverso cuando no nos hacen caso o cuando proyectamos malos resultados de nuestros actos. Un enojo acumulado expresado en silencio limita la intimidad.

Mucho del arrepentimiento en nuestra vida se debe al enojo entre lo que se quería hacer y lo realizado conforme a lo que los otros esperaban que se hiciera. Muchos problemas de nuestra vida tal vez se solucionarían de manera rápida y contundente, si aprendiéramos que no venimos a este mundo a hacer felices a los demás con nuestros actos. El cerebro humano aprende a generar estas conductas en la infancia y la adolescencia, el procurar hacer el bien a otros y con ello generar satisfacción. Antes de los 15 años es una etapa crucial para desarrollar un cerebro emotivo y funcional en la sociedad. Es una etapa crítica, el cerebro humano se conecta entre áreas neuronales de interpretación de la conducta, el lenguaje social y la satisfacción que utilizará en un futuro mediato. A partir de los 7 años y hasta los 14, el sistema límbico y la corteza prefrontal generan un intercambio de conectividad y construcción de tramas neuronales que harán de un adulto un individuo social, funcional y con recursos para adaptarse a las arbitrariedades psicológicas y sociales. El sustrato anatómico y neurofisiológico de nuestros arrepentimientos se construyen en esta etapa de la vida. El acompañar psicológicamente a un niño y eventualmente al adolescente a través de explicaciones, ejemplos, metáforas, copiados sociales y aprendizaje, le otorgan al cerebro el conocimiento que sostiene la conciliación ante problemas, el conocer y experimentar para no equivocarse, definir emociones propias para entender las de otras personas y finalmente, comprender su entorno cuyo escenario es el sustento de lo que va a repetir cuando tenga madurez social. Un problema frecuente es que, si a esta edad se le reprime con severidad, se le golpea o se le obliga a realizar actos en contra de su voluntad que van desde obligar a ser besados hasta tocamientos a su cuerpo, reducen la construcción de mecanismos anatómicos-fisiológicos de defensa, así, el cerebro en el futuro tolerará abusos, le costará trabajo concebir empatía y sus recursos neurológicos y psicológicos para recuperarse de las tristezas o las derrotas no van a existir o serán superfluos.

Un cerebro que fue obligado en la infancia a ser sometido psicológicamente, manipulado constantemente a expensas de sentirse humillado o se le dominó para sentir culpa de manera crónica, cuando llega a ser adulto manifiesta miedo constante, temor a que lo hieran y este miedo se puede convertir en enfermedades, trastornos de personalidad, cambios en la forma de comer, dormir o el desarrollo de fobias.

Por eso el miedo es la emoción más poderosa de la humanidad. Cuando el miedo no tiene forma y es desconocido, el cerebro humano se hace vulnerable, completamente manipulable, obediente y al mismo tiempo explosivo en la toma de decisiones, no piensa en consecuencias ni reduce los riesgos.

DESCRIBIR LAS EMOCIONES

Las emociones: describir cómo nos sentimos, identificar la magnitud del miedo o la angustia, el asco o la felicidad, nos ayuda a regresar a un estado inicial o base, darle el nombre a la emoción ayuda a sentirnos bien. Es necesario decir: "Sí, estoy enojado ¡y mucho!" Es válido pedir tiempo para llorar, eso no nos hace cobardes. Tener miedo es legítimo, solicitar ayuda y compañía debería ser más valorado. Es necesario no obviar nuestras emociones, es la manera adecuada de sentirlas y proyectarlas. Este ejercicio es básico, también para identificarlas en las personas que se encuentran a nuestro entorno, por ejemplo, saber de nuestro enojo nos permite detectarlo en otros. En un adecuado margen de salud mental, nadie debe reírse frente a alguien que llora, si esto sucede, debe ponerse en duda la salud mental de quien se burla. Las emociones de los otros nos generan sensaciones, una risa falsa es incómoda, una cara de enojo rápidamente se detecta y genera tensión en una reunión social familiar.

El lado B: pedir a alguien que no llore, no se enoje o no se ría genera inmediatamente una reacción contraria a la orden. La persona con la emoción desarrolla el llanto y el enojo con mayor magnitud, por lo que cuesta más trabajo calmarse. Si en la infancia, no se dejan salir las emociones, se enseña que expresarlas es un error o una debilidad, el impacto en la plasticidad de las redes neuronales de interpretación y generadoras de emoción se perturba, en el futuro inmediato no podremos identificar socialmente las emociones, se imposibilita la capacidad de mimetizarnos emotivamente con los demás. La alexitimia es la incapacidad de detectar y etiquetar las emociones, tanto las propias como las del interlocutor. Este proceso, hace individuos "ciegos" ante las emociones. Sin llegar a ser un trastorno del espectro autista, la alexitimia tiene su origen en un medio social represor y violento psicológicamente.

La soledad y un lado B de las emociones

La soledad llega intempestivamente cuando no la esperamos, hiere con la muerte del cónyuge o la partida de un hijo, es la experiencia repentina de aislarse del contacto social. Ese recogimiento tiene efectos deletéreos en nuestro cerebro. En este rubro, queda fuera la soledad que escogemos y seleccionamos de manera voluntaria, es decir, querer vivir solo, pero con un contacto social de calidad esporádico y eventual, donde se mantienen relaciones con amigos o existe una frecuente inmediación social enriquecedora.

Vivir en soledad se asocia con un aumento de 30% en el riesgo de sufrir isquemia cerebral o un infarto de miocardio, en promedio en un período de 10 años a partir del inicio de la vida solitaria. Esto se inicia con cambios hormonales en nuestro cuerpo asociado a que el cerebro organiza la detección de señales sociales neutras como posibles amenazas. El proceso de soledad incrementa la función del eje hipotálamo, hipófisis con las glándulas adrenales, con un consecuente incremento en la síntesis y liberación de adrenalina y cortisol, lo cual, va progresivamente activando las vías metabólicas para la producción y oxidación de la glucosa plasmática (gluconeogénesis y glucolisis), disminuyendo en paralelo la producción de citoquinas y activación de células inmunológicas, generando en paralelo de manera paulatina una inmunosupresión, que predispone a la vulnerabilidad de infecciones por agentes bacterianos o virales oportunistas y la aparición de células cancerígenas. Asimismo, la soledad impacta a nivel cardiovascular, los primeros datos patológicos paulatinos pero significativos son: la presión arterial se incrementa y de manera colateral, las proteínas relacionadas con la formación de coágulos, como el fibrinógeno que incrementa su síntesis a partir del hígado. A nivel cerebral, la corteza visual incrementa su actividad disminuyendo a su vez la función de las redes neuronales de las zonas temporales-parietales, con ello, la soledad induce a ver lo que se quiere ver, con sesgos, siempre a favor de lo que se desea, este es el sustento del inicio del enojo o de la molestia crónica de quien vive un aislamiento sin retroalimentación social. Su irritabilidad por interpretaciones subjetivas y poca tolerancia a las explicaciones se convierte en algo frecuente.

La actividad y génesis de la sinapsis de la corteza prefrontal disminuyen de manera muy importante, predisponiendo con ello la salida de emociones discordantes al plano de la cotidianidad, poco control sobre el enojo, frustraciones y decisiones asociadas con bajo control del comportamiento, lo que va generando conductas de disfunción social. El hipocampo, el estriado y la amígdala cerebral disminuyen su plasticidad neuronal, la producción de las proteínas BDNF y NGF importantes en la generación de nuevas conexiones neuronales, cae estrepitosamente, es decir, la soledad predispone e incide en el sustrato emotivo, en el de la memoria a corto plazo y el de la atención, reduciéndolos en su función. Induciendo gradualmente a la pérdida de una buena relación social.

La soledad cambia la generación de emociones, particularmente se forjan cambios relacionados con sesgos de negatividad, como expresión de dolor moral a través de llanto o ira, aparición de miedo o angustia por no entender lo que sucede y al mismo tiempo percibir que no se controla el entorno con eficiencia. La sensación de culpa y poca felicidad se hace presente asociada al dolor moral continuo, sin llegar a determinismos causa-efecto, esta conducta es frecuente en 64% de las personas que viven en soledad. Los conflictos interpersonales se van transformando en crisis del sueño y baja satisfacción de vida. Esta es una de las causas principales por la que el metabolismo cambia, inciden sobre el corazón y las arterias, y el sistema inmunológico va mermando su función. La soledad mal llevada es una loza para el metabolismo, el sistema cardiovascular y para el cerebro humano. Si no se le ayuda a la persona, resiente gradualmente el peso moral y físico de la soledad, esto puede ir complicando a las otras esferas, como la social y la psicológica, con un determinismo negativo.

Recientemente, fue publicado un estudio significativo que deja ver cómo el cerebro en soledad se asocia con otros problemas. En los casos donde las personas cuidan a un anciano o paciente con alguna enfermedad terminal, que no reciben ayuda de nadie, y además invierten su tiempo y economía, 50% de los cuidadores pueden desarrollar depresión en menos de 2 años; 76% de los cuidadores tendrá sobrecarga laboral con actividades, lo cual predispone el deterioro de su salud; 24% de los cuidadores sentirá estrés y menguará su bienestar. Por eso, es importante ayudar a quien ayuda.

La voz humana siempre es necesaria para las neuronas, sentirse parte de un grupo social o una familia motiva, sentirse importante para alguien, cuidar y ser cuidado es esencial. Motivarse al verse a los ojos o escuchar nuestro nombre, siempre cambia la manera como el cerebro vive. Por más complicada que la vida pueda ser, la compañía de otro ser humano siempre va a ayudar en este viaje de lo cotidiano. Estar acompañado ayuda, más cuando está en paralelo con el amor y la comprensión, intercambiar palabras, saberse escuchado, saber que alguien nos espera en casa, ver con alegría que se abre la puerta y aparece una sonrisa, reduce el estrés de los días, cambia el miedo, la incertidumbre se hace menor y a la nostalgia depresiva se le da una mejor explicación; un cerebro en soledad se deteriora, no lo permitamos.

MÁS FELIZ

Las emociones: los cerebros que encuentran razones para ocupar su tiempo son más felices.

El lado B: cambiar los sentimientos incrementa la creatividad. Al ver las situaciones emocionales desde una perspectiva diferente se inducen cambios en la liberación de neurotransmisores, esto hace que el juicio y el pensamiento sobre las cosas o hechos cambien.

Amistad, cerebro y emociones

Hay personas que llegan a tu vida para no irse nunca, los amigos nos ayudan más de lo que imaginamos, los buenos amigos nos otorgan tiempo, experiencia, risas y tolerancia. Con amigos nos recuperamos más rápido ante una enfermedad, su apoyo nos brinda confianza, son parte de nuestro aprendizaje social, los espejos de nuestras emociones y, por supuesto, los confidentes necesarios.

La gran mayoría de nuestros amigos no lo serán para siempre, muy pocos estarán destinados para acompañarnos toda la vida, el cerebro humano no puede tener más de 10 a 12 mejores amigos, sin embargo, en promedio tenemos una relación con al menos cinco personas de manera intensa y recíproca en el devenir de la vida. Las amistades influyen en nuestras emociones, un verdadero amigo genera un mejor estado de ánimo, nos ayuda a adaptarnos a las circunstancias más complicadas, a mejorar nuestra autoestima y nos hace sentirnos mejor. Las personas solas suelen ser malhumoradas, con una disminución significativa de los procesos de memoria y atención, con mayor propensión de tener afectaciones cardiovasculares, créanlo o no, en verdad nos conviene tener buenos amigos. No nos gusta sabernos utilizados, pero sí sentirnos útiles y ayudar a las personas en un ambiente de reciprocidad. Si nuestros amigos nos acompañan cuando los necesitamos, se sustentan las bases propicias para adaptarnos a las adversidades. Al otorgar un mayor valor a los amigos y familiares, el ser humano refiere sentirse más satisfecho, sano y con menos enfermedades. En la medida en que madura y envejece el cerebro, las amistades se convierten en un factor de relevancia para el bienestar. Nuestras amistades mejoran mucho nuestro bienestar subjetivo. Un amigo puede ser la gran diferencia de cómo resolvemos un problema, ya que dentro de los muchos factores que nos acercan a la felicidad, contar con alguien en quien confiar, asociado a tener la sensación de libertad para tomar decisiones, permiten un ambiente de generosidad y confianza.

Una amistad sincera y auténtica es aquella en donde ambas partes se ven beneficiadas por el hecho de compartir, entenderse y sentirse parte de la vida del otro, interesarse por su salud y bienestar. Esto influye poderosamente en las emociones que tenemos todos los días.

A nivel cerebral, la corteza prefrontal dorso lateral se activa ante la amistad honesta, esta región del cerebro también es utilizada cuando tomamos decisiones estratégicas, por ejemplo, cuando reducimos el egoísmo y valoramos decisiones que pueden influir a largo plazo. Nuestros grandes amigos estimulan un funcionamiento particular de las redes neuronales en regiones cerebrales que inducen una frecuencia de ritmo electrofisiológico asociado al aprendizaje y placer. La actividad eléctrica de las regiones frontal inferior, parietal y temporal, permiten la generación de placer, motivación por ayudar y al mismo tiempo crear sentimientos de apego. Las neuronas de la zona cerebral temporo-parietal se sincronizan generando una mejor cognición social, empatía y entendimiento de las circunstancias de los demás, asociado con una toma de decisiones en donde de manera inconsciente, interpretamos la expresión facial de nuestro interlocutor y por ende su emoción, lo cual influye directamente en la comprensión del estado de ánimo de la persona que está frente a nosotros. Los mejores amigos cambian nuestra forma de pensar, de esta manera los amigos más íntimos suelen tener una actividad cerebral más cercana y parecida a la nuestra. El patrón de las ondas electroencefalográficas se parece entre sí ante la música o una lectura semejante. Tener amigos reduce el riesgo de padecer la demencia tipo Alzhéimer, esto por activación de la enzima fosfodiesterasa 11A en neuronas del hipocampo. Es decir, los amigos mantienen activa de manera selectiva también la región del cerebro que tiene los recuerdos de la vida.

La amistad sincera disminuye el estrés, es adherente social, disminuye el miedo, incrementa la actividad inmunológica para la recuperación de procesos infecciosos o postoperatorios, mejora la actividad cardiovascular al facilitar la liberación de dopamina, óxido nítrico, endorfinas y noradrenalina. Además, a las personas que tienen grandes amigos les disminuye la producción de fibrinógeno, una proteína que está involucrada directamente en la formación de coágulos en la sangre, es decir, los amigos que ríen con nosotros, nos abrazan y nos aceptan como somos, son menos propensos a tener infartos en el corazón o en el cerebro. Tener amigos favorece la salud mental y también la salud fisiológica. Se ha identificado que quienes cuentan con amigos sinceros, tienen una menor probabilidad de tener descompensación de la Diabetes Mellitus o de la aparición de crisis hipertensivas frecuentes.

Los mejores amigos hacen sus relaciones interpersonales con dopamina, endorfina y oxitocina, entonces, ¿qué factores intervienen para que al menos dos personas se sientan muy amigos?

1) Reír juntos de las mismas bromas, chistes o experiencias en común.
2) Tener semejantes posturas políticas, profesionales, aspectos religiosos o morales que al compartirlas favorecen más la amistad.
3) Tener en común la convivencia en la misma zona geográfica y conocer los mismos lugares.
4) Haber estudiado en las mismas escuelas o universidades contribuye a ser los mejores amigos de nuestra vida.
5) Hablar el mismo idioma y compartir la música de la misma época.

Amargarse, sufrir, llorar o enojarse, así como la felicidad o la alegría, no son emociones aisladas, todas son el resultado de nuestra forma de manejar las cosas que nos ocurren. Nos dicen cómo integramos los acontecimientos en nuestra vida, estar junto a familiares y amigos ayuda superar en menor tiempo la adversidad.

Reír más de 10 minutos al día, tiene efectos benéficos en la vida: disminuye el estrés, incrementa la actividad inmunológica, se oxigena con mayor eficiencia el cerebro, cambia el umbral del dolor y se incrementa la sensación de plenitud, estos factores se potencian cuando tenemos a un amigo cercano.

De las personas que conocemos todos los días, 87% de ellos se irán de nuestra vida en menos de 5 años, es decir, que sólo mantendremos convivencia con una persona de cada 10, de estas personas pocas serán amigas.

Por ello, pensar en un verdadero amigo, es un tesoro y un regalo de la vida para nuestro cerebro.

LOS PEQUEÑOS MOMENTOS DE LA VIDA

Las emociones: creemos que lo más importante de la vida es lo que preparamos, esperamos o deseamos que suceda como planeamos, no obstante, las pequeñas circunstancias que acontecen en nuestra vida son exponencialmente más frecuentes que los grandes eventos. Son pequeños detonantes de dopamina, oxitocina y noradrenalina que no solemos apreciar correctamente en su magnitud.

El lado B: cuando menos se convierte en más: con tan solo una hora de descanso al día se logra disminuir la impulsividad y la sensación de frustración, un pequeño descanso, una pausa al día mejora la capacidad de perseverar en las tareas difíciles. Con 20 minutos de ejercicio, se genera BDNF suficiente para organizar más conexiones neuronales en el hipocampo. Meditar durante 20 minutos es capaz de liberar beta-endorfina, dopamina y noradrenalina, con gran eficiencia. Abrazar más nos hace enojar menos, la oxitocina disminuye de manera directa los niveles de cortisol. Si lográramos llorar más cuando lo necesitamos y reír cuando sea posible, nuestro cerebro apreciaría mejor sus tiempos, a las personas y la salud.

Llorar para el cerebro

No llores, las lágrimas son para niñas

Así le decía su entrenador a Jorge de 9 años, que se retorcía de dolor después de un golpe casi al final del emocionante partido de fútbol. "Llorar es para los débiles, ya me di cuenta quien eres, no me hagas sacarte del equipo", remataba desafiante el entrenador. El niño entendió que el llanto y el dolor se deben omitir y eventualmente la falta de llanto lo circunscribió a padecer depresión.

Esas lágrimas están demás, ¡exageras!

Es lo que le repetía constantemente Mario a Sofía cuando las discusiones eran más fuertes y él levantaba la voz, por lo que ella prefería callarse y sollozar. Con el tiempo Sofía entendió que Mario no iba a cambiar su manera de pensar, ni su violencia, sus lágrimas lo transformaban en un hombre más iracundo. Desde hace más de 2 años, Sofía llora cuando no la ven y se aísla de sus amistades.

A mí no me hagas rabietas

Le gritaba su mamá varias veces a Teresa cuando ella trataba de explicar los motivos por los cuales no había logrado el encargo que le había dado. Teresa apenas tenía 12 años, luchaba por no llorar y al suspender su llanto sentía un gran dolor de cabeza. "No me llores aquí, vete a otro lado", aderezado con una actitud displicente y violenta en su lenguaje corporal, era común escuchar a la madre de Teresa.

Hoy Teresa, de 27 años, cada vez que tiene un problema, no soporta el dolor de cabeza acompañado de mareo que dura varias horas del día, siendo incapaz de llorar por muy grande que sea el problema.

Las niñas bonitas no lloran

Le decía su abuelita a Itzel cuando ella rompió en llanto porque no estaba de acuerdo con que la obligaran a ser besada por sus familiares. La abuelita le repetía: "¡Todos te están viendo llorar! ¿no te da pena?"

La autoestima de Itzel ha disminuido gradualmente con el paso de los años, realmente creyó que llorar la convierte en una mujer horrenda. A meses de terapia, ha sido muy complicado cambiar su percepción corporal, el diagnóstico por el cual llegó a una consulta especializada es dismorfia, es decir, las personas que ven su cuerpo de una manera distinta a la realidad, no lo acepta y le causa una obsesión cambiarlo.

Mira cómo tu compañero no llora

Así le decían a Camila cuando en la puerta de la escuela lloraba porque no quería entrar pues le daban miedo la maestra, sus compañeros y los conserjes. La comparaban con cada alumno que entraba a la escuela, ella llorando y los demás niños viéndola con sorpresa. Camila, de 6 años, no entendía por qué debía ir a la escuela. Camila hoy, compara su opinión con los demás, duda de todo y le atribuye la culpa de lo que sale mal en su vida a su madre. Si bien hay muchos factores implícitos en este proceso, el que más le inquieta es ser humillada y que no le ofrezcan una explicación de las cosas.

Así no se puede: lloras por todo

Era la forma como Pedro le decía constantemente a su novia Nancy cuando iniciaban una discusión, después de la frase, seguían groserías y descalificaciones. Cuando empezaron su enamoramiento, Pedro era muy atento y amoroso, pero gradualmente se fue transformando su relación de noviazgo hasta alcanzar un nivel de violencia progresiva e irreversible. Nancy pensó que el amor lo cambiaría, que sería capaz de cambiarlo. La violencia de Pedro, que fue creciendo, tenía como espejo inmediato el llanto de Nancy. La relación terminó el día que él la abofeteó en la calle y entre gritos, lo último que escucho de él fue: "Lloras por todo".

¿En verdad vas a llorar por eso?

Martha y Sergio daban una cara de felicidad y armonía perfecta ante la sociedad. Ella callaba cuando él endurecía su cara y cambiaba su conducta ante cualquier eventualidad. La personalidad de Sergio era dominante, intolerante e histriónica. Cada vez que había un problema era intransigente ante la opinión de Martha, lo cual llevaba poco a poco a hacerla sentir mal y humillada hasta desbordar en llanto. Martha vive con rencor y está a punto de generar una respuesta violenta en contra de Pedro, no soporta que minimice su llanto, que lo cuestione. Recientemente, Pedro volvió a ver lágrimas en los ojos de su esposa: "¿Ya vas a llorar? no sabes hacer otra cosa, como siempre aguántate", ella como

respuesta sacó una navaja y se la encajó en el hombro y en el tórax, por supuesto está detenida. Si bien ambos tienen un trastorno de la personalidad, ella terminó por herirlo. Hoy a Pedro le preocupa más el qué dirá la sociedad y sus amistades de ese evento. Pedro sale mañana del hospital y su versión es que él nunca ha hecho nada malo o violento a Nancy.

Llora cuando algo valga la pena, no por esto

Marcela le repetía la frase anterior varias veces a su hijo Ricardo, cada vez que él lloraba por situaciones adversas comunes de la infancia y la adolescencia. No había una explicación, no había argumentos, no había reciprocidad, no existía empatía por parte de Marcela hacia su hijo. Ella se burlaba del llanto de Ricardo, "¡llora cuando yo me muera!" lo ninguneaba y se lo gritaba en su cara, él sentía el calor que expelía la boca de su madre y los ojos llenos de enojo de Marcela tan cercanos a los suyos. No obstante, Ricardo siempre la respetó, la quiso así, a pesar de su lejanía y frialdad con la que lo trataba. La vida de Ricardo de adulto continuó con visitas esporádicas a su madre, cuidándola, pero sin que ella cambiara absolutamente nada de su trato, tal parecía que le molestaba la presencia de su hijo. Un día de octubre murió Marcela, frente a su féretro

Ricardo no lloró, pues tantas veces el mensaje respecto a que solamente se debe llorar cuando algo valga la pena, lo fue desensibilizando y apagando su parte emotiva, dando como resultado el no sacar lágrimas en su vida. No le lloró, la despidió estoicamente en silencio, reflexionando por qué esa mujer no le dio la oportunidad de tener lágrimas ante la vida y mucho menos ante la muerte.

Si sigues llorando te voy a dar para que llores con razón

Raimundo provenía de una infancia sin educación, inmersa en violencia, en un ambiente que lo hacía ser un hombre propenso a la vulgaridad. Trataba con dureza a sus hijos, en especial al mayor, al cual no le permitía ningún signo de debilidad o de sensación vulnerable. Consideraba que debería ser la imagen y semejanza de él. Cuando encontraba a su hijo ante un error, una mentira o una duda, lo golpeaba estrepitosamente en su cabeza. Su hijo no podía contestar y se ponía a llorar, la respuesta de Raimundo siempre fue la misma: "Te voy a golpear más fuerte para que ahora sí llores con motivo". Un día, Raimundo se dio cuenta que su hijo se había ido de casa, pero él no soportaba sentir que lo habían desobedecido. Su hijo tenía 15 años y había preferido irse a un país del norte buscando la posibilidad de mejorar su vida, lejos de esa casa, lejos de la violencia, lejos de Raimundo. No quería seguir pensando sobre las razones de su padre, quien le enseñó desde pequeño con violencia y la omisión de su llanto que era mejor alejarse de él a seguir contaminando su vida.

Si vas a llorar ya no me hables

Cada vez que Carlos lloraba parecía que desaparecía de su casa, se volvía invisible ante los ojos de sus padres, era ignorado por su familia cuando lo veían llorar, en especial por su padre, con quien compartía el mismo nombre. El mensaje siempre era muy claro: "Mientras sigas llorando no te hacemos caso". La experiencia de vida de Carlos, cada vez más complicada, le generó inseguridad, depresión y ansiedad, trastornos que lo han acompañado desde su etapa de la adolescencia. Carlos reconoce abiertamente que el problema no es que llore, sino que las personas no lo escuchen o lo ignoren. "¿Sabes? me aguanto las ganas de llorar", dice Carlos, "pero no soporto sentir que no me ven o escuchan, es decir que me relegan". Carlos no ha podido ser una buena pareja, porque él de manera inconsciente desaparece cada vez que ve un problema o desavenencia con su novia en turno. Él también aprendió a ignorar a los demás cuando no sabe qué hacer. Tiene una desconfianza terrible ante su grupo social y suele generar rupturas con sus relaciones cada vez que no se siente seguro. Sigue pensando que le hace falta llorar mucho, pero no puede y desea que lo quieran aún y a pesar de sus lágrimas.

Ya perdóname, no llores, ¡ya pasó!

Santiago abrazaba a Raquel y le repetía constantemente, "perdóname ¡ya pasó! no llores, no llores por favor". Era una escena que se repetía de cinco a siete veces por semana, cada vez que Santiago generaba un problema, acompañado de justificaciones, pero sobre todo de golpes hacia su mujer. A Raquel le decía que era la culpable, y ella siempre se lo creía. Era una historia en la cual ella amaba a su verdugo, lo justificaba, incluso ella le pedía perdón por haberlo hecho enojar. Los hijos de ese matrimonio habían crecido con esa imagen de violencia en la casa y ya habían identificado como sinónimo de amor a la intimidación. Aprendieron que quien lloraba, debería perdonar sin ninguna otra justificación. Santiago siempre se salía con la suya. Hoy a Santiago le dictaron su condena en prisión, 30 años por la muerte de Raquel. Fue un feminicidio que poco a poco se gestó ante la insistencia de la frase: "perdóname, ya pasó".

Lloré de felicidad, ¡era el momento más feliz de mi vida!

"Cuando supe que venía a través del reporte de un ultrasonido gineco-obstétrico sentí que mi vida cambiaba; ahí la conocí, era pequeña, pero su corazón ya latía. En tan sólo unos meses nacería mi hija. Durante los nueve meses de su gestación vivía con la tensión de que todo estuviera bien, con preocupación de que tuviera buena salud y que el parto se resolviera de la mejor forma. Ya quería abrazarla, tenerla en mis brazos. En marzo, ella nació, ante mis ojos una pequeña mujercita lloraba, vi cuando cortaron el cordón umbilical, cuando salió del vientre de su madre. Mientras el pediatra la limpiaba, veía como su piel se iba coloreando y sus manos se extendían. No pude evitar las lágrimas, ver nacer a mi hija me conmovió tanto que me hizo llorar de felicidad. Sí, ese ha sido el momento más feliz de mi vida, ese momento cambió mi perspectiva de sentirme vivo, ver nacer a un hijo está por arriba de cualquiera hazaña de cualquier hombre, de cualquier ego, de cualquier circunstancia. Esas lágrimas de felicidad son inconmensurables, irrepetibles. También de felicidad se llora, también los hombres lloran".

* * *

Tal parece que llorar es una de las experiencias humanas más comunes que al mismo tiempo evitamos, ¿la razón? Por miedo, por vergüenza o tal vez por culpa, porque molestamos a alguien con nuestras lágrimas cuando el interlocutor interpreta que su agresión no es un detonante suficiente para generar nuestro llanto. Si las lágrimas no se comparten, generamos antipatía. Cuando las lágrimas salen de nuestros ojos y una persona no comparte la emoción, es común que esta persona se desespere, ya que no sabe y no puede controlar o evitar las lágrimas de alguien que sufre. Las lágrimas culpan, es el inicio de un lenguaje que solicita una pausa, que solicita empatía, las lágrimas tienen un mensaje de parar por el inicio de dolor moral y sensaciones de angustia, soledad o vergüenza.

En algunas circunstancias llorar hace que la gente lo considere incorrecto. Comúnmente cuando una persona ve llorar a sus hijos y la razón por la cual llora es una negativa ante los deseos del infante, el adulto acelera su tensión y busca un castigo, detona en segundos palabras altisonantes y cambia la prosodia de sus palabras, no justifica la causa del llanto, lo reprueba, es más, hasta le resulta ofensivo. Pero cuando la causa del llanto se considera justa, porque alguien golpeó, insultó o denostó a un ser querido, consideramos que debería atenderse de manera inmediata la razón por la cual una persona llora, nos solidarizamos con las lágrimas de la víctima y buscamos un culpable que pague por dichas lágrimas de quien queremos o simpatizamos.

Llorar es una expresión emotiva de nuestras neuronas, llorar no tiene género, los humanos no son los únicos mamíferos que lloran, pero sí los que generan toda una respuesta psicológica, biológica y social a través de las lágrimas. Ningún otro mamífero responde al llanto como los humanos, ni siquiera los homínidos. Las lágrimas no pertenecen al género femenino o a una condición especial o social. La expresión de la emoción del llanto no es inadecuada cuando tiene un factor que lo genera, pero se puede convertir en un trastorno cuando a partir del llanto se manipula a las personas. El hecho de que una persona ignore el llanto de otra o le pida que no llore en su presencia, genera una respuesta paradójica y hace que explote con mayor fuerza. Es natural que los seres humanos lloremos, es un proceso que ha evolucionado a través de la vida. Es un hecho que en la infancia y la adolescencia lloramos con más frecuencia que en la etapa adulta, pero los adultos lloran con más sentimientos ante evocaciones y recuerdos. A partir de las lágrimas, el cerebro adulto solicita más compasión y empatía de lo que expresan los ojos ante los demás.

Las lágrimas en el cerebro tienen una relación entre la neuroquímica de 14 sustancias químicas (glutamato, GABA, acetilcolina, serotonina, beta-endorfina, leu encefalina, neuropéptido Y, oxitocina, noradrenalina, hormonas sexuales como testosterona, estradiol, progesterona, prolactina y cortisol) con la actividad de áreas cerebrales relacionadas con la memoria, la interpretación, las emociones y el dolor. Cuando lloramos de manera emocional y sincera podemos activar hasta 29 áreas cerebrales. La conducta como resultado del llanto permite una señal social de interpretación. Derramar una lágrima no requiere aprendizaje cuando ésta es sincera. Si bien las mujeres adultas lloran en promedio de cuatro a cinco veces más que los varones adultos, esto obedece a un aprendizaje (importante durante los 5 primeros años de la vida); procesos sociales (las normas en las que crecemos); y factores hormonales (estrógenos y progesterona que generan más cambios en la liberación de dopamina y endorfinas).

Las razones por las cuales lloramos son diferentes entre hombres y mujeres, por ejemplo, los hombres lloran más ante una pérdida o cuando tienen experiencias positivas, como es ante un logro o un triunfo. Paradójicamente, los hombres lloran más de felicidad que las mujeres; un aspecto interesante es que la testosterona tiene una influencia inhibitoria sobre el llanto, especialmente a nivel de la amígdala cerebral. Por otro lado, las mujeres lloran más como consecuencia de discusiones, interpretaciones o la combinación de factores como puede ser una pérdida, la sensación de no sentirse favorecida por la atención de alguien o que sus

logros no son considerados importantes (la mayor conectividad neuronal entre hormonas femeninas como estrógenos,
progesterona y prolactina inducen más llanto, independientemente de los factores sociales y psicológicos aprendidos).
El llanto por emociones es más frecuente en adultos, sin
embargo, éste puede estar asociado a ganancias sociales y
psicológicas cuyo aprendizaje hace entonces que llorar se
convierta en una moneda de cambio que favorece socialmente a quien llora, ya que como víctima genera más empatía social, procura la disminución de la agresión o detiene
el proceso álgido. Las personas amistosas, cálidas, sinceras
y honestas son las que más lloran, pero también es proba-
ble que sean considerados o calificados como inestables,
incompetentes o manipuladores. Resulta contrastante que
las neurociencias indican que cuando lloramos por alegría
o por un evento que representa tener una gran felicidad, se
debe al aplazamiento del dolor o de emociones, es decir,
se estaba conteniendo el dolor moral por un esfuerzo que,
al lograrse, se rompe con la sensación vulnerable del momento, lo cual genera una enorme empatía. A nivel social y
geográfico, también es interesante que las lágrimas de una
población o comunidad están en función de la temperatura
de su país, ya que, en los países fríos o cercanos a los po-
los, la población llora más respecto a los países cálidos, en
donde se refiere una menor frecuencia de proceso de llanto.

El llanto se inicia como una fase neurológica que activa áreas corticales, es decir, las áreas más evolucionadas de nuestro cerebro: corteza motora cingulada rostral, así como la corteza motora primaria, la corteza ventral, corteza premotora lateral y la corteza motora cingulada caudal, además de la corteza prefrontal; todas ellas asociadas a neuronas del tronco encefálico, puente, cerebelo y médula espinal, relacionados al área periacueductal e ínsula y a su vez, las dos últimas áreas relacionadas con la percepción de sensación e integración del dolor. La emoción del llanto está integrada por la activación de seis músculos faciales.

Cada una de nuestras lágrimas está compuesta por agua, electrolitos (sodio, potasio, calcio) proteínas (mucina), anticuerpos (IgA que contrapone a las bacterias). La neuroquímica de nuestro llanto a nivel cerebral se inicia por cambios en la liberación de acetilcolina noradrenalina, neuropéptido Y, cortisol y serotonina, además de una eventual liberación de encefalinas, en especial betaendorfina.

Pero ¿qué sucede en el cerebro cuando lloramos? Todo inicia cuando en el cerebro se detona la actividad de la inminente expresión del llanto (por la activación de las cortezas prefrontal insular y medial) como lo es, dolor, culpa, vergüenza, recuerdos. Entonces se activan gradualmente en secuencia, por un lado (dentro del núcleo central de la amígdala cerebral e hipocampo), emociones, dolor, recuerdos y memorias cortas y, por el otro lado, reacciones que corresponden al núcleo de la estría terminal al hipotálamo (que alberga las hormonas, y las sensaciones de hambre, sed, sueño, deseo sexual); asimismo, lo anterior afecta a la sustancia gris periacueductual (vinculada con el dolor y la satisfacción) también, asociado a una activación en el mesencéfalo, a la región parabraquial de Kolliker-Fuse en el puente del tallo cerebral, activando así al núcleo del tracto solitario y la zona reticular intermedia medular, particularmente la médula ventrolateral, y es particularmente en esa parte, cuando el llanto es irreversible, ya nada ni nadie podrá detenerlo.

En algunos casos, el cerebelo se involucra para someter emociones cortas y palabras que por momentos resultan sin sentido, pero procuran llamar la atención. Esto hace que se incremente la liberación de noradrenalina, que aumenta la frecuencia cardiaca, provoca sudoración, temblor de músculos, incremento de la frecuencia respiratoria e induce el aumento del metabolismo basal (el cerebro consume más oxígeno y glucosa por las lágrimas que generamos), esta es la explicación por la cual, durante el llanto, la frecuencia respiratoria es rápida y acompañada de suspiros. A partir de este momento, se activan los nervios craneales facial y el trigémino, para activar por acetilcolina, la liberación de electrolitos y agua a través de las glándulas lagrimales.

En esta fase, durante la salida de lágrimas, guturizaciones (sonidos con la garganta) y cambios de la voz, el corazón se ralentiza, la persona gradualmente se siente cansada, la emoción de enojo se diluye o se va recuperando la atención selectiva y hay una relajación muscular. El nervio vago es el responsable del cambio en la frecuencia cardiaca y del proceso de inicio de la liberación de líquido por parte de las lágrimas y de moco a través de la nariz. El nervio vago es responsable de que el corazón se tranquilice y prepare al organismo para disminuir la respuesta ante un evento estresante. El siguiente paso es a nivel del cerebro en el cual después de siete a once minutos de la primera lágrima de llanto, se empieza a liberar el opioide endógeno beta endorfina, el cual es responsable de una respuesta de disminuir la angustia, el dolor, reducir el estrés o cambiar la tensión y generar una sensación de satisfacción.

El llanto y las lágrimas también están en función de los niveles basales de nuestra alimentación y nuestro cansancio. Nos enojamos y lloramos más cuando más hambre tenemos, más irritables estamos o necesitamos dormir. Asimismo, solemos llorar más por la tarde y por la noche entre las 6 pm y las 10 pm. Parte de la explicación está dada por los niveles de atención que tenemos ante los detonantes y la objetividad de nuestra corteza prefrontal e hipotálamo; las neuronas marcapaso de éstas dos áreas cerebrales están más activas entre las 9 am y 1 pm, en ese horario somos más objetivos y más analíticos a lo que le ponemos más atención, esto va cambiando a lo largo del día; por la tarde, va disminuyendo la atención selectiva, nos cansamos con más facilidad y los inductores de tristeza o de llanto se perciben con mayor fuerza y atención, en esta misma dirección, por la tarde, disminuyen el metabolismo y la temperatura, y somos más vulnerables al llanto.

El lado B del llanto

El llanto nos hace humanos, a través de él somos capaces de activar redes neuronales para iniciar la empatía. Las áreas cerebrales que detectan el llanto cambian inmediatamente la generación de emociones como el estrés, el enojo o el aburrimiento, disminuyéndolas, tanto para la persona que llora como para quien detecta las lágrimas. Las redes neuronales que se encuentran en el giro del cíngulo, el hipocampo y la corteza prefrontal están preparadas para detectar en menos de tres segundos las lágrimas de nuestro interlocutor, si esto no sucede, es decir, que siga la violencia y los gritos frente a las lágrimas, es posible que no exista una adecuada salud mental. El llanto y sus lágrimas se pueden convertir en un oscuro lado B, ya que puede ser un recurso para engañar o mentir, aunque nuestro cerebro lo utilice para solicitar empatía, cambiar una discusión, disminuir el dolor moral y adaptarnos mejor ante la adversidad o pérdida. Hemos definido que el llanto incrementa el consumo de glucosa y oxígeno en el cerebro y es producto de una neuroquímica altamente específica que permite la activación de redes neuronales, secuenciando que el común denominador es inicialmente activar el metabolismo, incrementar la actividad cardiovascular y pulmonar, eventualmente tranquilizar al cerebro, lo que nos serena para disminuir el dolor y sentirnos confortados. Es el llanto un generador de actividad neuronal que determina la atención selectiva, la incrementa y sesga para eventualmente sentirnos más tranquilos. El llanto es necesario en la vida, sin él no seríamos la especie que somos. Nos hace analizar, reflexionar y contrastar los motivos de nuestra conducta y compartirla. Nos cansa, después de las lágrimas se incrementa el sueño y el hambre. Podemos llorar de felicidad, pero esto no es el mismo evento fisiológico.

Las lágrimas evolucionan con las emociones de vida, los primeros llantos de un bebé ocurren sin lágrimas, eventualmente las lágrimas aparecen para no desaparecer jamás cuando lloramos. Las emociones cambian el contenido de la composición de nuestras lágrimas, a más emociones les acompaña la liberación de corticotropina, encefalina y prolactina, además de cambiar el pH y la cantidad de IgA, es decir, un llanto con verdadera emoción nos libera más emocionalmente y nos protege mejor para las infecciones, pero no vamos a andar tomando muestras de lágrimas para saber si es un llanto real o si nos quieren tomar el pelo, es más simple de lo que se puede uno imaginar detectar lágrimas sinceras: se interpretan, se comparten, se entienden, un llanto sincero se mimetiza socialmente sin ninguna necesidad. Un llanto fácil no contagia. Por lo anterior, es inadecuado pedirle a alguien que no llore. No llorar hará un cerebro en el futuro inmediato con sensaciones no deseadas.

Las neuronas que detectan y generan el llanto son mucho más abundantes en los cerebros humanos que en los grandes simios, ballenas, delfines o elefantes. La evolución nos proporcionó un cerebro maravilloso, no el más grande, pero sí el que tiene más neuronas, y que las utiliza mucho para llorar.

LLORAR
. . . .

Las emociones: llorar incrementa el metabolismo cerebral, nos tranquiliza y genera a su vez una sensación de plenitud. No es malo llorar, no es equivocado. Pero pretender no hacerlo o evitar ejercer nuestro derecho neuronal de expresarlo, limita a nuestras emociones y retrasa la recuperación para sentirnos mejor.

El lado B: sonreír cuando estamos tristes incrementa la creatividad, esta contradicción en el cerebro favorece conexiones neuronales. Es una relación coadyuvante neuroquímica de alta eficiencia: beta-endorfina, dopamina noradrenalina y acetilcolina.

Maltrato infantil escolar y un lado B de las emociones

Un común denominador en la constante crítica y regaños de los adultos, tanto padres como maestros, a los infantes y adolescentes es el que estriba en puntualizar la sentencia de que los pequeños no pueden o les cuesta trabajo mantener su atención por largo tiempo, por ser dispersos, distraerse con facilidad. Aparentemente contrasta esa poca o nula atención con la excesiva que ponen a la diversión, en especial a los videojuegos, a las pantallas de las tabletas o computadoras, esto promueve una mención constante, hacia los niños y los jóvenes, de que ahí sí pueden sostener la atención. Después de este juicio superficial, sin sustento neurofisiológico, con contenido más de molestia y una proyección errónea, es necesario mencionar dos puntos fundamentales para indicar lo que las neurociencias mencionan al respecto.

1. No es posible mantener inamovible la atención conti-
   nua por parte de nuestro cerebro por horas, las neuronas no pueden mantener la atención por mucho
   tiempo, esto representa una necesidad más fisiológica
   que psicológica. Nuestra concentración máxima trabaja de forma intermitente: se activa y desactiva, es
   decir, la atención representa periodos cortos, generando ritmos de frecuencia de activación neuronal.
   Esto representa la necesidad de desarrollar ritmos en
   la frecuencia theta en regiones frontoparietales de 3-8
   Hz con relación a la banda beta y gama, es decir, el cerebro acelera y desacelera continuamente su atención.

2. Es un hecho que en promedio después de 21 minutos
   de atención intensa, nuestra atención puede cansarse,
   pero si estimulamos animando, emocionando o cambiamos la frecuencia atentiva con reforzadores de
   la conducta, nuestras neuronas pueden mantener su
   atención por horas, aunque no de la misma intensidad. Como en una sala de cine al ver una película,
   si ésta captura nuestras emociones, el contenido se
   queda en nuestros recuerdos del hipocampo y la corteza cerebral. Si se inicia una emoción, la memoria
   se consolida más rápido y se favorece su evocación.
   Ante las críticas, principalmente de adultos, por la

dispersión de un cerebro joven, desde acá respondemos que se debe estimular con emociones y explicar los objetivos que se pretenden lograr, no imponer y sí estimular con el ejemplo. La crítica de regreso a los profesores, mentores, supervisores y padres es que las neuronas que dicen ellos no les ponen atención, es porque el mensaje que recibe el cerebro joven es denso, sin emoción y carente de motivación. No todos los niños que no ponen atención tienen déficit de atención e hiperactividad y no todos los maestros o padres son unos perfectos educadores con conocimiento de manejar y estimular la atención.

El cerebro es eficaz en reconocer información, pero su eficiencia tiene límites. Por ejemplo, de los 6 millones bits que captura el nervio óptico de nuestros ojos sólo llegan 10 mil bits para proceso visual de la corteza cerebral del lóbulo occipital. Nuestro cerebro no es perfecto, un día después de aprender un nuevo conocimiento: olvida 60% del contenido de lo aprendido, sólo se queda en la memoria en promedio 40% de la información, esto independientemente de la edad que tenga el cerebro.

Este es el nivel de proyección de trabajo de nuestras neuronas, las cuales en la infancia poco a poco se van conectando entre ellas, favoreciendo aprendizajes y nuevos circuitos para aprender y desarrollar sus capacidades cuando llegue a ser adulto. La gran mayoría de adultos involucrados en la educación, aprendizaje y memoria de los infantes se desesperan cuando sus indicaciones no son bien aprendidas o detectadas por el estudiante. Como si fueran cerebros perfectos, los adultos solicitan información, resultados, respuestas exactas y sin errores, como si la mayoría de ellos poseyera de manera absoluta la verdad, como si lo supieran desde siempre y su reflexión fuera perfecta e inamovible. Este conflicto en un salón de clases o en la casa genera enojo y tristeza en el cerebro infantil, desesperación que en ocasiones lo lleva a una mala actitud ante el adulto más intolerante o veleidoso. Este es uno de los orígenes de conflictos más comunes con los escolares cuya iniciación es unilateral, paradójicamente a partir del adulto con corteza prefrontal desarrollada y atención selectiva que exige la perfección que cree tener. Esto promueve ideas erróneas e incompatibles con las emociones de los escolares ante el conocimiento, y se puede mantener desde esta edad hasta la edad adulta.

La atención a lo divertido, a lo que lo motiva y a lo que aprende rápido, en un niño, se explica porque su cerebro esta activo por dopamina, acetilcolina, beta-endorfina y no-radrenalina, porque su aprendizaje de la primera etapa de su vida ha sido a través del juego, no por lecciones, exámenes o consejos. Tal parece que al cerebro adulto se le olvido que sus primeros aprendizajes fueron de ensayo-error, la búsqueda de la perfección atentiva es subjetiva, esto puede tener consecuencias negativas en el conocimiento y las emociones a largo plazo.

El maltrato infantil altera el gen que permite la expresión de la hormona oxitocina en el cerebro, provocando gradualmente una estructura de elaboración de redes neuronales y función cerebral atípica: evidencias recientes indican que un maltrato sostenido provoca disminución de las conexiones y redes neuronales del lóbulo parietal izquierdo asociado a una disminución en la actividad del sistema de recompensa (área tegmental ventral, núcleo accumbens y corteza prefrontal) el resultado es que el maltrato en la etapa final genera disminución de la atención en el adulto, empobrecimiento de sus procesos de mantenimiento de atención, bajo rendimiento memorístico y por supuesto una pobre satisfacción de sus pocos logros, además de una reducción en la posibilidad de mantener relaciones interpersonales. El maltrato sostenido en la infancia puede generar una disminución de conexiones entre la corteza prefrontal con la amígdala cerebral y el hipocampo adulto, con ello se induce una disminución de las fibras que conectan a ambos hemisferios cerebrales, conocidas como cuerpo calloso, favoreciendo la construcción de personas frustradas, incapaces de aprender, disminuyendo la integración de información en diversas áreas neuronales o, por otro lado, en el otro extremo favorece la aparición de personas que se hacen adictas al trabajo, como un mecanismo psicológico compensatorio con bases neuronales en la búsqueda de disminuir los datos negativos a través de la "satisfacción laboral".

La adicción al trabajo tiene su inicio en la infancia: niños poco valorados, profesores y padres controladores, la presencia de críticas terribles a sus errores, incapacidad para perdonarlos, malas palabras, violencia verbal, abandono y mensajes constantes de descalificación y desmotivantes hacia las virtudes y las enseñanzas, por parte de los adultos que son ejemplo de vida. La dopamina en el cerebro adulto con antecedentes de maltrato infantil, va en contrasentido: es lo que sustenta la necesidad de búsqueda de ser aceptado y valorado socialmente, una mala palabra o un ademán puede generar sentimiento de soledad o percibirse rechazado, la persona desea intensamente que reconozcan sus habilidades, su trabajo y los resultados que desarrolla, paradójicamente seguirá buscando satisfacer las expectativas creadas por otros.

Los adictos al trabajo, tienen en común una infancia con maltratos constantes, sus emociones tienen la expresión de egolatría, problemas familiares persistentes por repetir el mismo factor discordante o no aprender lo que se les pide y además solicitan de manera inmediata el reconocimiento de sus logros y si éste llega, no logran convencerse de que su éxito es auténtico, es decir luchan tanto por ser aceptados a través de sus logros laborales que cuando éste llega, son incapaces de creerlo ellos mismos. Pueden llegar a ser altamente competitivos, pero son de rápida desensibilización emotiva.

Amargarse por un mal desempeño laboral, sufrir por no lograr el éxito esperado, llorar por una mala evaluación, enojarse por no ser juzgado adecuadamente, todos estos factores no son aislados, como la felicidad o la alegría: estas emociones suelen ser el resultado de nuestra forma de manejar las cosas que nos ocurren, de cómo integramos los acontecimientos en nuestra vida.

EL FRACASO

Las emociones: el cerebro humano le pone más atención al fracaso que al éxito, atiende más rápido a lo negativo de los resultados que a lo bueno. Las neuronas se obsesionan más por lo que no sucedió como se deseaba.

El lado B: ante un problema nos adelantamos a los hechos, específicamente a los resultados, 74% de las ocasiones lo hacemos de manera negativa. Solemos pensar que las consecuencias serán negativas, pero son nuestros sesgos neuronales, es decir de 10 cosas a resolver, 8 fueron evaluadas de una manera no acorde con la realidad. Es necesario ser más consciente, saber escoger nuestras batallas. Un cerebro maduro y sano sabe cuándo es importante enojarse, cuando atenuar una discusión y cuando no hacer caso a necedades.

Amor y un lado B de las emociones

María no lo podía creer, había dado por terminada la relación con Raúl, ella lo había decidido, aun amando tanto a ese hombre y después de tres años de una relación intensa siendo que el compromiso había llegado hasta el matrimonio. Ella tomó la decisión de terminar la relación, era su inseguridad, era la incertidumbre, era el miedo, pero amándolo tanto, pensó que era mejor terminar su noviazgo. No importo que él rogara, llorara, suplicara. No había un elemento que fuera el detonante de la ruptura, sencillamente, María se aburrió. Su relación había sido como el promedio de la que suele existir entre dos personas que aún no cumplen 30 años de edad, con sueños, proyectos, con la idea de realizar dos viajes, ilusiones constantes, con altibajos, pero con la certeza de que se querían mucho. Raúl, simplemente no tenía comparación en la vida de María, él la conoció en todas sus dimensiones, sabía perfectamente lo que ella necesitaba, lo que no le gustaba y cómo hacerle sentir su amor. ¿Por qué si todo había estado bien llegó a la conclusión de qué deberían separarse? Simplemente María sintió que la relación se había estancado, no se sentía motivada, pensó que otorgarse un espacio podría ser suficiente para darse cuenta si Raúl era el verdadero hombre de su vida. Nunca le pregunto a él su opinión.

Los meses pasaron y lo que de inicio era una sensación de paz y plenitud para María, se fue convirtiendo en una mezcla de sensaciones de agobio, tristeza y necesidad. Extrañaba demasiado a Raúl, su presencia y sus palabras, su protección, su calidez, la pasión y las risas. La seguridad de su decisión poco a poco fue mermando al grado de empezar a arrepentirse y tener la impresión de culparse por la soledad. Por su parte, como siempre, Raúl respetó las decisiones de María, ahora con más ahínco, cuando ella casi a gritos le pidió varias veces para un futuro inmediato: "¡No me hables! ¡no me escribas! ¡no me busques! ¡no vuelvas a mi vida!" Raúl desde ese día lloró diario por las noches, se negó a aceptarlo, después se enojó, eventualmente lo acepto y negoció consigo mismo el rechazo de María y el fin de la relación. Él sabía que pudo haber hecho más para que ella lo aceptara, tal vez pudo ser más atento, tal vez más necio en decirle que la amaba, pero no podía, el trabajo sumado al estudio de su posgrado y la forma de llevar su vida desorganizada no le daba oportunidad de hacer lo que María le solicitaba: tiempo. Raúl la amo tanto que incluso él termino aceptando que no podría ser la pareja de su vida, nunca estaría a la altura de la expectativa de esa mujer. El tiempo fue buen consejero para Raúl, poco a poco se fue calmando, entregado a la resignación.

Siete meses después María se armó de valor, ella ya no podía más, empezó a llorar y a desesperarse por no tener más noticias de Raúl. Empezó a buscar información de su exnovio en las redes sociales, haciendo perfiles falsos solicitando ser amiga de Raúl en Facebook y en Instagram. En ninguna de ellas tuvo éxito, sin embargo, por amigos en común se enteró de que él ya tenía una nueva novia. María estalló en cólera con la sensación haber sido humillada. En ese momento fue cuando María cambió totalmente la forma de llevar su vida, se desorganizó, lloriqueaba, empezó a generar conflictos en su trabajo para evitar terminar sus actividades y en su casa se quedaba acostada en su cama, tratando de dormir con relativo éxito hasta entrada la madrugada. La única manera en la que podía calmar su enojo y el odio hacia Raúl era a través de la comida en exceso y con atracones frecuentes. No sabía qué hacer con este gran amor que ahora sentía por Raúl, su autoestima se estaba dañando gradualmente, quería ver a Raúl y no sabía cómo hacerlo. Debian regresar, tenía que pedirle perdón, esas eran las oraciones diarias de María por las noches durante casi 2 meses.

Nueve meses después de terminar su relación, María físicamente era otra persona, había ganado peso, las ojeras eran muy evidentes, su pelo estaba muy maltratado, se le notaba malhumor crónico, su gesto era adusto, sus relaciones interpersonales se habían convertido en superficiales, incluso llegó a intimidar con un compañero del trabajo, ella reconoció que solamente lo uso para calmar sus necesidades sexuales. María reconocía que se había equivocado al terminar con Raúl, no entendía porque él no la había buscado y le había rogado para que regresaran, ella lo habría aceptado otra vez.

Once meses después María le envió un mensaje a Raúl, pero él solamente la dejó "en visto", Raúl se quedó viendo por más de 15 minutos la pantalla, dos lágrimas asomaron a sus ojos y finalmente decidió borrarlo y bloquear totalmente la comunicación con María, por fin y para siempre.

Existo en soledades

que lloran en sonrisas,

por fuera anhelo

¿por adentro?

ansiedad en secreto,

me cuento historias

que engañan mis neuronas.

Y así,

sin estar tan solo...

inicio a recordarte

tratando de olvidarte...

tan caótica y controvertida

tanta dopamina oculta,

sin entregarte.

María esperó por más de tres semanas una respuesta, al no recibirla quemó todas las cosas que pertenecieron en algún momento a Raúl, incluyendo ropa, zapatos y joyería que compraron juntos, las cosas que él le regaló en sus aniversarios, rompió todas las cartas y decidió tirar a la basura todo aquello que le pudiera recordar a Raúl. En esta dinámica María se pintó el pelo, se compró ropa nueva y empezó a generar a nivel social una dinámica más activa. Hablaba mal de Raúl, inventaba cosas, expresaba que no le importaba lo que había sucedido en esa relación. Tratando de no sentirse mal, se dio cuenta que cada vez que hacía todas las conductas negativas, terminaba por dañarse más y se sentía con más culpa.

El enamoramiento es una experiencia personal en la que NO sirven las recetas, ni se obedece a los juicios. Quien sufre por un amor, quien llora por la expareja, siente que tiene en pedazos su vida, pero en realidad está desperdiciando su intelecto, su potencial y su creatividad.

Se aprende de los enamoramientos, pero más de las separaciones. Una ruptura amorosa conecta más neuronas en el hipocampo y giro del cíngulo, debido a que disminuye la dopamina y serotonina, la neuroquímica del cerebro hace que se sienta cansancio y poca motivación. La organización funcional del cerebro se hace lenta después de una ruptura sentimental. No nos rompen el corazón cuando nos abandonan, este dolor en el pecho por el desamor se inicia y se fortalece en el giro del cíngulo.

Personas posesivas, obsesivas y neuróticas tienen una disposición a otorgar un amor pasional en forma inmediata. Desafortunadamente, además consideran que las personas en su entorno pueden ser prescindibles. El aprendizaje de las malas decisiones puede ayudar a mejorar en el futuro. Para el cerebro, adquirir-mantener-extinguir la conducta de enamoramiento es semejante a cuando aprendemos a tocar un instrumento musical, utilizar la música ayuda a conectar neuronas, de la misma forma, no utilizar las notas musicales puede hacer que olvidemos detalles y eventualmente mucho de lo significativo que cada persona tiene en nuestra vida.

El enamoramiento es un estado químico cerebral, de activación principalmente de estructuras del sistema límbico como la amígdala cerebral, el hipocampo, el área tegmental ventral y otras áreas corticales que, de manera transitoria, eliminan la objetividad de la corteza prefrontal. Enamorados activamos 29 áreas cerebrales, las cuales van disminuyendo a 16 áreas después de 3 a 4 años. Los primeros meses de enamoramiento, se aprecian incrementos de dopamina, oxitocina, vasopresina, BDNF, beta-endorfina y cortisoles asociados a una disminución de serotonina, los individuos entran en una fase de obsesión, negligencia, irrealidad y toma de argumentos ilógicos. Esto termina por una necesidad fisiología neuronal. No podemos tener la misma magnitud de enamoramiento más tiempo, no tenemos sustrato neuronal para hacerlo. Nuestras felicidades y sentimiento de plenitud son cortos por los cambios de la dopamina y endorfina. Este proceso no siempre es equitativo, esto depende de muchos factores como la edad, el sexo, madurez psicológica, experiencias previas, aprendizajes sociales, es decir, en la mayoría de las relaciones, uno quiere y da más cariño que el otro. En el amor, cada palabra puede tener varios significados, de acuerdo a los niveles de dopamina, oxitocina y endorfina. El amor para ser amor necesita de disciplina, paciencia y empatía. Una actividad gradual que corresponde a la corteza prefrontal, amígdala cerebral, ganglios basales y cíngulo. Amar en forma inteligente se logra con el tiempo, con madurez prefrontal, con dopamina regulada y oxitocina cotidiana, así el amor maduro logra desarrollar en el cerebro parte de los procesos más evolucionados en el humano: atiende, respeta y al mismo tiempo es solidario. De esta manera el verdadero amor propicia, no sin un prolongado proceso, un cambio en nuestro cerebro: de lo que se quiere, tratando de ser feliz (a partir del sistema límbico) a lo que se tiene y quiere tener desde la razón (a partir de la corteza prefrontal). La mayoría de las veces, en la etapa de enamoramiento tener la razón carece de importancia, prevalece una forma de felicidad que disminuye nuestra objetividad ante la vida.

NEURONAS ENAMORADAS

Las emociones: el enamoramiento es una adicción natural (a menudo positiva) que evolucionó a partir de los antecedentes de los mamíferos hace 4 millones de años como un mecanismo de supervivencia para fomentar la reproducción y el vínculo de pareja. Es una perturbación electromagnética con motivación en el enfoque social y disminución de la actividad prefrontal que nos quita la inteligencia. Enamorarse es un proceso neuroquímico de 14 neurotransmisores, 7 hormonas, 6 neuromoduladores y 29 áreas cerebrales. Dura entre 3 a 4 años. Desde el punto de vista biológico es una etapa que se caracteriza por la disminución de la lógica y la congruencia. La persona amada es una pantalla de proyección de lo que deseamos. Le atribuimos más belleza y solemos disminuirle sus fallas. Para el cerebro no es necesario insistir en los defectos cuando se enamora. La ilusión le gana a la lógica. El deseo supera a la inteligencia. Gradualmente el proceso neuronal disminuye, solemos separarnos con énfasis en los problemas de pareja y los defectos proyectados de soluciones no satisfechas y volvemos a buscar otra pareja para iniciar un nuevo enamoramiento. En otros escenarios solemos transformar a un amor maduro que acepta y valora a la pareja por lo que realmente se ha convertido.

El lado B: nuestras expectativas de enamorados no son reales. Los seres humanos creemos merecer más amor del que se nos otorga. En la gran mayoría de las relaciones un miembro de la pareja ama más que el otro (a), el enamoramiento se basa en recuerdos. El enamorado ama en magnitud de lo que su cerebro desea vivir nuevamente, las emociones de su pasado tratan de rescatar experiencias y se aferran a no perderlas. El recuerdo de dopamina, la nostalgia de la oxitocina y la felicidad de la beta-endorfina. De esta manera el amor verdadero tiene aceptación mutua, con oxitocina de apego. Sin defender o justificar desatinos de serotonina sin demandas de la vasopresina.

02
SEGUNDA

PARTE

No puedo ser feliz siempre

Edgar se paseaba nerviosamente de un lado a otro en la sala de espera del hospital, habían pasado 10 minutos de la toma del electrocardiograma, la toma de muestras de sangre y la valoración que estaban haciendo de él los médicos del servicio de Urgencias del Hospital. La incertidumbre y la angustia le hacían sentir un dolor punzante en su pecho, sudaba, se mecía el pelo, tenía la sensación de galope de su corazón; tanta duda le estaba crispando, su cerebro hacía escenas transitorias de un futuro inmediato, todas ellas con finales catastróficos. Él era un hombre extraordinariamente trabajador de 54 años, pero tenía un mal presentimiento de lo que vendría, en la soledad de esa sala de espera tenía emociones encontradas ¿era el fin? ¿Qué haría su familia que ahora estaba tan lejos de él? ¿Qué sucedería con tantos pendientes si es que acaso moría ahí?

La infancia de Edgar no fue fácil, su padre le enseñó a través de mucho esfuerzo y disciplina que sólo trabajando se podía ser feliz, eso se lo repetía todos los días su padre. Edgar tenía una madre amorosa cuyos consejos los remataba diciéndole, "nunca te rindas, te damos todo para que tengas lo que nosotros nunca disfrutamos". Edgar muchas veces se cuestionó si merecía ser feliz comiendo y vistiendo mejor de lo que lo habían hecho sus padres; se dio cuenta que algunos sentimientos de satisfacción y las sonrisas no duraban mucho tiempo en su vida y que le costaba mucho trabajo compartir sus sentimientos con los demás, incluyendo a su esposa y a sus hijos. A veces sentirse feliz junto a su familia le generaba incomodidad, porque empezaba a cuestionarse que después de una gran felicidad le venía una gran tristeza o decepción. Prácticamente como una ley de vida para él, cuando más se había sentido pleno y satisfecho ocurría "algo malo" y se decía así mismo que cuando más feliz había sido en la vida bajaba la guardia y aparecían las "malas noticias" o augurios, por lo que era mejor tenerle miedo a la felicidad. Se había esforzado demasiado por tener a su familia en mejores condiciones económicas, de educación y nutrición. Cuando más felicitaban a Edgar por un logro en el trabajo, más se sentía incómodo e iniciaba otra vez la sensación de que algo malo vendría a oponerse a la felicidad.

Edgar, en los últimos años, como consecuencia del trabajo, viajes y estrés había cambiado su forma de dormir,
se hacía evidente que la satisfacción que tenía de su vida
profesional era cada vez menor y su autoestima empezaba
a disminuir. Se comparaba con otros trabajadores que
siendo más jóvenes han logrado mejores resultados. Él se
dio cuenta que vive mucha presión en el trabajo. Ahora está
metido en una montaña rusa de emociones y problemas en
busca de solución, está inmerso en un medio laboral muy
competitivo. Cuando corre atrás de una felicidad, un logro
o un éxito y ¡lo logra! parece que su satisfacción se aleja
gradualmente, por lo que busca un nuevo reto que lo motive
a involucrarse en otro proyecto para reiniciar el ciclo de
trabajo, desvelos y estrés.

Por fin los médicos entran y le explican que los resultados
de laboratorio del análisis de la química y células de su sangre, así como los trazos del electrocardiograma, indican que
ha estado sometido a un estrés constante pero que no tiene
un infarto. Puede regresar a sus actividades, a su casa y que
debe de seguir un tratamiento médico. Los medicamentos
deben ser valorados constantemente y debe cambiar algunos
factores que están involucrados en su vida cotidiana como
el alcohol, el tabaquismo, las tensiones emocionales fuertes
y por supuesto la manera de comer desordenada y que,
por momentos ha llevado en exceso. El premio que recibió

hoy como mejor agente de ventas de la empresa, las tensiones laborales y las desveladas, le cobraron como factura una taquicardia asociada con un cansancio extremo. Edgar sonríe, respira profundo. Le llama a su esposa, la tranquiliza y le dice que en breve regresará a casa. En unas horas deberá tomar el avión, en automático su cerebro piensa nuevamente en el próximo proyecto que tiene por hacer y cuánto va a invertir en ello, seguramente quitándose horas de sueño y por supuesto generando una tensión todavía mayor, sin embargo, dice sonriendo: "Éste sí vale la pena". El hecho de saber que no está ante una enfermedad grave le hace sentirse más fuerte, a seguir trabajando para ser feliz y nunca rendirse, Edgar piensa que hace lo correcto, porque así lo aprendió desde su infancia, así le dijeron que se logra la felicidad en la vida, que descansar es para los débiles, y el trabajo ennoblece, aun cuando no se detuvo a reflexionar que esto, paradójicamente lo hace menos feliz.

LA FELICIDAD EN EL CEREBRO

El proceso de sentirse feliz, estar contento o satisfecho está en relación con la experiencia presente, en el ahora, vivir aquí. Para las neuronas es fundamental sentir felicidad en el momento, pues posponerlo o dilatarlo le quita satisfacción. Es significativo mas no fundamental la relación entre el pasado con el presente para contrastar la felicidad, además, para un futuro inmediato, la coherencia de nuestros actos y actividades se comporta como un hilo que tensiona y relaja nuestras satisfacciones. La felicidad para el cerebro es fugaz, dura muy poco tiempo (minutos comúnmente, horas en contadas ocasiones, nunca días), sin embargo, lo que sí puede permanecer es la expectativa y los deseos para ser felices. Valoramos lo que nos otorga la felicidad respecto a nuestra edad, madurez y experiencia, por eso el detonante de nuestra felicidad va cambiando al paso del tiempo, nuestro punto hedónico se mueve constantemente en nuestra vida.

El cerebro quiere sentirse bien todo el tiempo, nuestras neuronas quieren tener experiencias hedónicas constantemente, para ello utiliza circuitos neuronales activados que incrementan ciertas sustancias químicas que otorgan una sensación de plenitud (dopamina y beta-endorfina principalmente, asociados a noradrenalina, acetilcolina y serotonina). No necesariamente este proceso placentero otorga significado a la vida, pero es uno de los principales reforzadores de nuestras conductas. Las aspiraciones materiales y personales con las cuales generamos un punto hedónico, es decir, los motivos que nos ponen felices son infinitos, cualquier cosa material o algunas personas nos pueden poner contentos, eso depende de la subjetividad con la que hemos evaluado los bienes en nuestra vida y la experiencia de relaciones que hemos llevado, pero es un hecho que cuando obtenemos lo que queremos, más queremos. No bastan los límites, es una búsqueda constante no importando las circunstancias. El cerebro pugnará por obtener el resultado o bien, se dará cuenta que nunca alcanzará un equilibrio y ningún bien material o relación personal le ha de satisfacer.

La felicidad y la alegría se explican con la bioquímica neuronal. Comúnmente los detonantes de nuestra felicidad liberan los neurotransmisores de manera rápida, pero es un aumento inmediato que cae rápidamente en cuestión de minutos, hasta terminarse. Tan efímera y transitoria es la liberación de noradrenalina, serotonina, beta-endorfina y dopamina que cuando tenemos un efecto placentero o de satisfacción (que es la base de nuestro bienestar psicológico), aunque sigan presentes, las neuronas inician a desensibilizar el proceso. La felicidad también depende de los niveles de la hormona oxitocina en nuestro cerebro, que es la hormona que favorece la amistad, ya que los beneficios que obtenemos de otras personas incrementan el sentido de la felicidad. Sentirnos felices puede disminuir en menos de 20 minutos, aun en presencia del evento que nos ha puesto así. Este es un lado B de la felicidad, es transitoria, es maravillosa, pero corta, por su naturaleza cerebral.

Las recompensas inmediatas asociadas a las que se logran por una larga búsqueda, trabajo o con gran esfuerzo, fortalecen los vínculos sociales, esto incrementa la sensación de plenitud a lo largo de la vida. Ser felices nos hace la vida más fácil, es una estrategia adaptativa de supervivencia que los humanos hemos logrado a lo largo de la evolución. Aunque la felicidad no es un estado permanente y a veces pensamos que nunca más lo vamos a ser, somos una especie que nos amoldamos a nuevas situaciones y a muchas condiciones, y generalmente siempre volvemos a ser felices. Los bienes materiales producen de manera inmediata el incremento de los neurotransmisores de la felicidad, esto conlleva una condición, que de no saberla manejar se comporta como un ciclo en el cual se va desplazando eternamente lo que consideramos que nos hace felices, y nos hace pensar que la felicidad se escapa de nuestras manos apenas la alcanzamos. La felicidad en realidad son picos transitorios de neurotransmisores que suben y bajan en nuestro cerebro y eventualmente desaparecen, para sólo dejarnos un aprendizaje de los hechos. El cerebro humano cuando es feliz, es por la activación en serie de redes neuronales que anatómicamente se encuentran en el área tegmental ventral, el núcleo accumbens, la amígdala cerebral, el hipocampo y algunas regiones del tallo cerebral. Como consecuencia, la corteza prefrontal disminuye su función, por lo que ser felices reduce la actividad de las redes neuronales involucradas en el razonamiento y la inteligencia de nuestro cerebro. La transcendencia del andamiaje neuroquímico-anatómico es que, a una mayor liberación de dopamina la corteza prefrontal disminuye su función, por lo que en momentos felices somos menos lógicos y más incongruentes, cuando más felices decimos ser, nos convertimos en una versión transitoria de poco juicio social, inexacta y tergiversada de nuestra conducta. Por lo tanto, podemos decir que las felicidades no pueden ser eternas, no deben serlo.

La felicidad no se puede provocar espontáneamente, nuestras neuronas deben de construirla gradualmente. Ser felices no es un producto del azar o de una casualidad, ni de un accidente neuronal, depende de la calidad de nuestros aprendizajes, de la búsqueda y de la congruencia con la que hemos ido construyendo nuestra felicidad. Cuando la felicidad aparece sin un esfuerzo consciente, está comprobado que para el cerebro ésta se desvanece más rápido.

Es interesante que la gran mayoría de los seres humanos dedica mucho tiempo para conseguir ingresos, descuidando lo que favorece una mayor intensidad y duración de la felicidad en la vida. Una sociedad competitiva favorece en paralelo la acumulación de bienes materiales y dinero, nos hace creer que son sinónimos de felicidad, dejando en segundo plano algunos de los componentes más importantes de la vida. Hay varios factores que construyen y sostienen una felicidad realmente benéfica: la familia, los amigos, la salud, la autoestima y la gratitud. Varios estudios en neurociencias indican que el dinero no da la felicidad, sí genera un refuerzo inmediato, pero no da plenitud. Los aspectos sociales han hecho un aprendizaje y marco aspiracional que lo hacen sentir así. Todas las sociedades han hecho un ajuste hedónico el cual ha hecho que se pierda ese equilibrio, no se es más feliz si se tiene más dinero, aunque sea un satisfactor. Se ha buscado a través de las drogas y de los placeres efímeros construir felicidades transitorias. Se les ha atribuido a cosas materiales propiedades que dan un confort fugaz, sin darnos cuenta que una mayor salud mental puede ser más importante para construir la sensación de felicidad.

Está demostrado que darle mayor importancia a las experiencias nuevas y significativas en nuestra vida nos hace más felices que los bienes materiales que acumulamos. Las personas egoístas e inmaduras son las que orientan su felicidad al materialismo, al dinero, a la marca del teléfono celular que usan o la sensación de poder que presumen. En nuestra cotidianidad se ha identificado que algunas cosas pueden contribuir a generar o disminuir los elementos que construyen nuestra felicidad, independientemente de la edad, por ejemplo: meditar, mantener la calma ante la incertidumbre, comer un chocolate, poner atención en lo que comemos, sonreír, evitar tomar las cosas negativas de manera personal, tener gratitud, perdonar o ser conscientes del tiempo que le dedicamos al descanso, contribuyen a aumentar la sensación de felicidad. En contraste, ¿qué disminuye la sensación de plenitud en el ser humano del siglo XXI? Las respuestas son dignas de tomarse en cuenta: el uso repetido de las redes sociales, por ejemplo, las conexiones excesivas al Facebook; el miedo a ser felices, el esforzarse constantemente para ser feliz, paradójicamente resulta contraproducente; la percepción de desigualdad o la sensación de culpa constante nos aleja de la felicidad.

No es necesario compararnos con los demás ni lo que tenemos para sentirnos felices. No debemos llegar a sentir que vamos a morir para pedir una segunda oportunidad.

Muchas personas tienen miedo a ser felices, aunado a eso, nuestro cerebro está preparado para querer más cuando más se obtiene, y a veces a perder el equilibrio de lo que representa tener cosas materiales con la satisfacción de la vida. Es necesario entender cuál es el equilibro entre lo que nos pone felices y lo que nos tranquiliza, es fundamental en la vida entender que este punto hedónico se mueve constantemente. No podemos ser felices siempre, pero sí podemos apreciar mejor lo que nos ha llevado a los momentos cumbres de nuestra vida. Las felicidades son cortas, una

NO PUEDO SER FELIZ SIEMPRE

frase que más que un decir es una prueba de la fisiología de nuestro cerebro. No tenemos sustrato neuronal para mantener la felicidad para siempre, o por mucho tiempo, nuestro cerebro no puede mantener la felicidad intensa por arriba de 1 hora, en contraste, es necesario reconocer que no debemos hacernos conformistas como tampoco dejar que nuestra vida carezca de sentido. Muchas veces las palabras escuchadas en la etapa de construcción de nuestra personalidad, sin saberlo de manera consciente, pueden contribuir a alejarnos de lo que nos permite ser felices.

En algunas ocasiones la búsqueda de la felicidad nos hace perder la noción del tiempo, nos genera conflictos y un sentimiento de culpa constante, el cual está atrás de la adicción al trabajo o de la búsqueda permanente de reconocimiento social.

La felicidad se encuentra en los detalles pequeños de la vida y puede aflorar en medio del dolor, no es una regla general, pero las personas felices son las que tienen mejores estados de salud y en ocasiones son las más eficientes.

Merecemos ser felices, no debemos tener miedo a ello. Merecemos alegrarnos aun cuando con ello se generen envidias. La volatilidad de la felicidad no debe ser el freno para no buscarla, las tareas placenteras favorecen la felicidad, reflexionar sobre ello, puede cambiar ciertas actitudes inamovibles de nuestro cerebro.

¿NO TE RÍAS?

Las emociones: reír es fundamental para una las emociones más satisfactorias que tiene el cerebro humano, la felicidad. La risa ayuda a relajar la musculatura corporal y a la liberación de beta-endorfina que por la hilaridad la hace adictiva y generadora de placer en el cerebro. En promedio, una persona de 17 años de edad, se ríe al día aproximadamente de 280 a 320 veces al día. En contraste, un individuo cuya edad es de 52 años, sus risas son en promedio de 60 a 80 veces al día.

El lado B: ¿Por qué si ya aprendimos a reír y disfrutar de su presencia en la vida, la evolución ontogenética de nuestro cerebro indica que cada vez reiremos menos? Tres aspectos son fundamentales: uno, el cerebro disminuye la liberación de dopamina con la edad, además de que la experiencia y las memorias hacen que el cerebro exija más para reír; dos, las neuronas desensibilizan muchos de los aspectos que antes hacían sonreír fácilmente, es decir, a lo largo de la vida movemos el punto hedónico, ya no es tan fácil reír en la madurez; el tercer factor, a partir de los 35 años, el cerebro pierde todos los días entre 5 mil a 15 mil neuronas, la plasticidad neuronal se va modificando todos los días. Es injusto decir que sea el mismo cerebro emocional equiparable a quien tiene 20 años de edad si lo comparamos con alguien que tenga 50 años. No se descarta que existan personas mayores con sonrisa y de fácil carcajada, pero esto va más en relación al aprendizaje y al entorno social que ha tenido a través de su vida, no por la naturaleza y función de las neuronas.

El perdón

Cuando Carol se enteró de la infidelidad de su esposo ella ya tenía seis hijos, cuatro mujeres y dos varones. Era una familia promedio en uno de los barrios más populares de la ciudad. La felicidad de esa casa eran las risas de esos niños que gradualmente se convirtieron en jóvenes. Carol lloró mucho, sufrió en silencio el sentirse desplazada por su esposo, pero nunca dijo nada ni a sus hijos ni a su marido. Se prometió a ella misma quedarse con ese secreto que la hundía en una depresión mayor. Este problema fue el origen de algunas enfermedades que aparecieron de manera abrupta, entre ellas el asma bronquial y el trastorno de la alimentación caracterizado por los atracones de comida. Carol lloraba a veces por las noches, eso la hacía levantarse a comer a la cocina, se comió sus penas, subió casi 40 kilos al ingerir todos los días productos pretendiendo esconder su tristeza o al menos olvidarla con alimentos que le daban un poco de alegría. Durante las terapias con medicamentos, largos tratamientos médicos, al permanecer estancias cortas en urgencias u hospitalizada por varias semanas, se enteró de que padecía diabetes e hipertensión. Carol lo sabía, mucho de su enojo y tristeza era el silencio que guardó, el estrés de la ambivalencia y el enfado convertido en sonrisa ante su marido. Todo ello lo enfrentó: perdonando.

Si Carol recibía un maltrato de la vida, solía levantar sus hombros y decir, "no vale la pena el enojo, perdonaba y trataba de olvidar"; lo mismo si prestaba dinero y no le pagaban. Daba de comer a vecinos, amigos, a los niños de la cuadra, su casa era una alegoría de fiesta sin fin, de otorgar todo a cambio de nada. En las desavenencias de la vida de sus hijos, ella les enseñó a ser pacientes y dispensar.

En ocasiones se comportaba muy seria, dura de trato con su marido y en otros momentos, se preocupaba en demasía por él, esta dicotomía conductual llegó a ser tan frecuente que ambos entendían que era la cotidianidad de una casa modesta pero limpia y ordenada. Estaba convencida de que él era el hombre de su vida. Carol se prometió hacerle ver a su marido lo importante que era para ella todos los días, no supo más de la otra familia, de la otra mujer, ni de los otros hijos de su esposo, no hacía falta, su esposo la eligió para envejecer a su lado. Su marido era casi 20 años mayor que ella, Carol lo aceptó siempre como el amor que tendría hasta el final de sus días. Poco a poco, gradualmente ese hombre que iba envejeciendo se fue haciendo más amoroso con ella, el amor basado en el perdón tuvo sus frutos. Todos los días, Carol se repitió: te conmuto y trato de olvidar todo esto que he llevado en silencio y no he querido compartir con nadie.

Los hijos de Carol se fueron casando en el transcurso de su madurez a la vejez, dejando su casa, favoreciendo que ella se sintiera cada vez más unida a ese hombre con canas, serio, que fumaba todos los días y tomaba su café leyendo el periódico como desayuno. Él siempre era la fuente de su felicidad, de su amor, de su paz. La verdad fue dolorosa, pero ella le otorgó el perdón sin que él se lo pidiera, y llegó tal vez por momentos al olvido sin que ella lo hubiera considerado de manera objetiva.

El día de la muerte del esposo de Carol, lo lloró, le dolió, lo despidió con calma y conforme. Se había ido su compañero, el padre de sus hijos, pero sobre todo su confidente a quien paradójicamente le guardó su secreto. El mejor regalo ante sus hijos fue que al mirarlos, toda su familia estaba unida, tanto en la felicidad como en el dolor. Lo echó de menos, lo extrañaba tanto, que lo escuchaba en la música que cantaban juntos, le sonreía en las anécdotas de sus hijos y lo veía en las fotografías de la sala. Ahí estaba él con ella, conforme con sus canas y sus recuerdos.

Llegaron los nietos y volvieron a rodear aquella casa de alegría y risas, Carol era feliz cada vez que la visitaban sus hijos y sus familias en las Navidades o en las fiestas y reuniones. La sensación de pertenencia de esa familia era muy grande. Ante la ausencia del padre, Carol tomó el control de las reuniones, de los consejos y del apoyo incondicional a todas las personas que a ella acudían.

Carol envejeció con sus enfermedades crónicas, se hizo una mujer regordeta, de lento andar y ahora con dolores en sus piernas, pero siempre feliz cuando alguien iba a su casa. Era increíble como la transformaban las conversaciones que tenía con sus familiares, se ponía feliz de la ayuda que daba a sus vecinos, incluso con personas desconocidas que podían platicar las anécdotas de vida con ella. Carol les regalaba cápsulas de vitalidad a todos, de reflexión y sobre todo del significado de la indulgencia. Carol fue la mujer que supo llevar a cada uno de sus hijos en sus acciones y en su pensamiento, los enseñó a pasar por alto problemas sin consecuencias o circunstancias sin importancia, a ser empáticos. Todos ellos, sus hijas y sus hijos teniendo muchos elementos estresantes en el trabajo, en la cotidianidad, y aun con problemas muy serios con sus parejas, terminaban también por perdonar y empezar de nuevo. Carol se los dijo en las crisis más intensas: el amor sobre todas las cosas permite que seamos mejores personas.

Un día, llegó una pandemia viral al mundo, se hizo común el aislamiento de las familias, la separación y la soledad por el miedo de ser contagiados. Esto hizo que Carol viviera durante casi dos años en soledad, apartándose por el miedo a contagiarse. Ella vio pasar la vida por su ventana, en la soledad de la mesa y el silencio de su sala. Un día de octubre, Carol ya no se levantó de su cama, su corazón latía con dificultad, su hija menor se dio cuenta que era el último día... la tomó de su mano, la besó y se despidió de ella. Le habló a cada uno de los hermanos, todos llegaron poco a poco a la casa de Carol a despedirse, alrededor de su cama todos le dieron sus últimas palabras de amor, le agradecieron por haber sido la mujer que los hizo fuertes en el amor y en el perdón. En su lecho, Carol recibió hasta el último momento de su vida la devoción de sus hijos. Su legado ha seguido a la siguiente generación, sus nietos también llevan en sí las palabras claves que la abuela Carol enseñó a cada uno de ellos en su momento: perdona y olvida, busca siempre ser una mejor persona, ningún enojo puede estar sobre el perdón y todavía más, les escribió que si perdonaban era posible lograr una larga vida. "Yo te vi nacer mi niña", le decía a su nieta más pequeña, "siempre estaré contigo, en las palabras amor y perdón, cuando las digas, estaré abrazándote desde dónde yo esté, cuidándote siempre". Lo cumplió.

EL PERDÓN Y LAS NEUROCIENCIAS

Perdonar para el cerebro es un arte, sobre todo cuando el perdón está atrás de una solicitud sincera o cuando viene de una persona muy querida. Nos tardamos menos de 2 segundos para activar las regiones neuronales que están relacionadas con la empatía y el perdón. No obstante, el cerebro perdona con mayor facilidad las ofensas crónicas que las recientes. El perdón ha tenido un desarrollo evolutivo en el cerebro, es decir, cuando perdonamos se activan especialmente las zonas neuronales más evolucionadas en el cerebro humano: aquellas neuronas relacionadas con la corteza cerebral del lóbulo frontal (lógica y congruencia); el lóbulo parietal inferior (auditivo) y superior (sensitivo); en especial una región llamada precúneo (relacionada con la percepción de nuestro cuerpo, con la imaginación y simulación de ideas); así como el giro del cíngulo (interpretación), asociado a regiones del sistema límbico como es el hipocampo (memoria) y la amígdala cerebral (emociones).

Las razones biológicas para que una persona perdone están basadas en varios cambios neuroquímicos que inducen a su vez modificación en la función de redes neuronales. Hay dos neurotransmisores específicos involucrados, uno es el GABA, el otro es el glutamato, asociados a la función de neuromoduladores de actividad inmediata como lo son la oxitocina y la beta-endorfina. Varias evidencias científicas muestran que una mayor concentración de oxitocina en el cerebro de los humanos los hace más empáticos e indulgentes. La oxitocina es una hormona pequeña, un péptido de 9 aminoácidos que activa inmediatamente y de manera gradual la disminución de actividad neuronal cortical asociada a la agresión y violencia. Asimismo, genera una disminución inmediata de la liberación de cortisol y noradrenalina, ambos agentes responsables del miedo, estrés y enojo. Este antagonismo fisiológico es responsable del por qué después de perdonar disminuye la sensación de tensión, se genera paz o plenitud grata del momento, además de disminuir la presión arterial, aminorar significativamente el enojo, incluso puede cambiar la motilidad intestinal.

El perdón también tiene una evolución con la madurez cerebral, los cerebros maduros tienen mayor empatía y son más afables. Las personas que más perdonan tienen menos probabilidad de padecer depresión, ansiedad y se asocia a una menor frecuencia de ingesta de drogas.

Perdonar es parte de la vida, nos posibilita encontrar nuevos caminos de convivencia, aprendizajes y también es una de las mejores estrategias para evitar trastornos de la personalidad y obtener una mejor salud física y psicológica a largo plazo.

Cuando el cerebro humano es comprensivo de las circunstancias sociales por las cuales se percibe en un estado agresor, puede empezar a ser amable consigo mismo, este es el primer paso para aceptar e iniciar un posible cambio. Si el cerebro acepta los fracasos y aprende de los errores, va disminuyendo la exposición a eventos desagradables y esto lo lleva a tolerar mucho mejor la carga de responsabilidades y a soportar mucho mejor los detonantes del estrés, jerarquizando así, los problemas y sus soluciones. Las personas que son más estables, maduras y que conservan un adecuado estado mental son las que más fácil perdonan.

El perdón como ejecución y expresión de la conducta humana puede ser una estrategia social y de aprendizaje político para la convivencia y las relaciones. Desde el análisis de las neurociencias es la base de cambios de plasticidad sináptica positivos. Sin embargo, existe también el lado B de este escenario conductual y social del perdón, sin cuestionamiento o al realizarlo sin un adecuado marco de salud mental. La gran mayoría de las religiones basan sus objetivos en el perdón como reciprocidad importante y su proceso superlativo en la vida, el cual debe ser constante y sin restricción, que visto desde el enfoque de las neurociencias puede ser contradictorio. Cuando las personas por mandato divino o religioso se sienten con la necesidad de perdonar, comúnmente expresan una sensación de autopresión, asociada a una disminución de la autorreflexión, lo cual merma la autoestima y esto puede ser suficiente para que les cueste superar o detectar las injusticias. Perdonar por conveniencia puede ser el sustrato conductual de que no se están aprendiendo de manera adecuada la interacción entre víctima y victimario, no se observan las injusticias, se ama al verdugo. Un aprendizaje inadecuado del perdón hace que víctimas de constante agresión social se autocensuren y justifiquen las agresiones, se genera un aprendizaje erróneo. Por un lado, el agresor pierde límites, en el otro extremo la víctima se desensibiliza ante las provocaciones, amenazas y violencia.

Cuando el cerebro toma la decisión racional de cambiar los eventos de una ofensa o aprender a cambiar la línea temporal de los hechos de un evento conductual o social nocivo a través de otorgarse una explicación, genera un perdón por decisión, este proceso atenúa el rencor. Muchas personas sin darse una explicación o analizar los eventos, simplemente disculpan o perdonan, aunque el agresor o victimario no se los pida. Esto sucede cuando el vínculo entre ambos es muy cercano, a este perdón se le conoce como perdón emocional y es el que va transformando unilateralmente la percepción hacia el agresor, aunque este último no cambie. Este perdón emocional es el que está atrás de desearle lo mejor a una persona, aunque a veces no se lo merezca, y sentir compasión por ella, aunque nunca lo pida.

Nuestra vida transcurre con incidentes, enfados, malos entendidos e inevitables malas decisiones. Hemos aprendido a controlar nuestro enojo, modificar nuestros rencores y acumular menos las experiencias negativas. La liberación de noradrenalina, GABA y glutamato no ponen atención en los detalles de discusiones, groserías o lenguaje físico, sin darnos cuenta, este proceso es el generador de que muchas veces se quede en nuestra memoria únicamente la agresión y no lo que dijimos o hicimos previo a la provocación. Así, cuando se nos solicita perdón o una disculpa podemos otorgarlo, pero no olvidar.

Perdonar no significa olvido, ya que desde el punto de vista neurofisiológico, el perdón está por arriba en función a su fisiología, neuroquímica y anatomía, incluso del mismo proceso neuronal del olvido. Perdonar es todo un proceso neurológico de decisión, olvidar es el transcurso de no más de 145 moléculas que no dependen del proceso consciente neuronal.

Cuando el vínculo de cercanía social o afectivo entre un agresor y un ofendido es más cercano, mayor también será la liberación de oxitocina, esto en parte explica porque la gran mayoría de las personas consanguíneos o familiares son más fáciles de perdonar. Por otro parte, aquellos amigos o personas cercanas a nosotros a las cuales les otorgamos una gran confianza, cuando nos fallan o nos ofenden les hemos dado permiso neuronal para sentirnos más agraviados y lastimados con mayor énfasis. Un extraño no lastima tanto como un amigo, no obstante, el cerebro puede generar un perdón más elaborado a nuestro entorno cercano de amistades.

30% de las injusticias sufridas se compensa con el reconocimiento de nuestros errores, por eso es muy importante perdonar. El perdón debe ser uno de los principales aprendizajes que nos enseñan los años. La actitud de quien perdona incide notablemente en su salud mental, incrementa su autoestima. Perdonar hoy, hace que nos sintamos mejor mañana, el siguiente mes y seguramente los siguientes años. Perdonar no debe significar una derrota, solicitarlo no nos hace vulnerables, pero también hay que saber reconocer, analizar y aprender de experiencias semejantes, no romanticemos el perdón como una garantía de estar mejor. Es necesario que el perdón esté bien elaborado, su lado B puede ser el origen de trastornos como la ansiedad, trastornos alimenticios y el estrés postraumático.

Carol nos enseñó lo hermosa que es la palabra perdón, ella lo experimentó y lo hizo una forma de vivir. Sin embargo, vivió muchas experiencias injustas. Este caso tiene dos vertientes, una maravillosa y mágica que nos indica que el cerebro puede tener una adaptación psicológica y social que disminuye el estrés, favorece la autoestima y cambia a las personas para ser más tolerantes; la otra, puede estar atrás de muchos de los detonantes de algunas enfermedades crónico-degenerativas que pueden cambiar la vida de una persona. Este lado B indica que hay que saber perdonar, además de que el perdón no debería ser para todos o al menos saber a quién sí le podemos otorgar ese beneficio neurológico de nuestro cerebro. Una violación, un asesinato, pueden no ser perdonados de primera instancia, se necesita mucho trabajo psicológico a través de una intervención con profesionales para ello. Si bien el perdón es el producto de la evolución del cerebro humano y genera plasticidad sináptica, también nos deja la reflexión de que está atrás de muchos de los abusos e injusticias de personas que se encuentran cerca de nosotros.

PENSAR EL ORIGEN DE LA EMOCIÓN

Las emociones: todos los días reflexionamos de manera habitual sobre nuestras experiencias y emociones pasadas, imaginamos cosas que pudieron haber sucedido, eventos que supuestamente habrían sido de otra forma. Esta manera de especular, de contrastar el presente, ayuda a aprender más rápido de los aciertos y errores, además, favorece a reconocer de mejor manera el origen de los detonantes y las circunstancias en que se dieron nuestras vivencias. Reflexionar sobre el origen de nuestras emociones hace posible cambiar nuestro punto de vista de acuerdo con nuestras necesidades y sesgos.

El lado B: jugando con la posibilidad de haber tomado otras decisiones o haber realizado otros actos y haber vivido sucesos paralelos pero viables, este proceso bien dirigido puede hacer que al pasado se le piense con emoción y más significados. Reconocer un error del pasado, otorgándole su magnitud y valorando otras posibilidades en su momento, ayuda a tomar mejores decisiones en el futuro. Tener pensamientos insistentes y continuos de todo lo malo que pudo haber sido una decisión pero que nunca ocurrieron, porque se obtuvo un éxito, proporcionan una sensación de alivio en el presente. Pero es necesario remarcarlo, esto puede ser el inicio de muchas obsesiones.

Cuando hemos logrado un éxito y analizamos todas las posibilidades erróneas que pudimos haber cometido incrementa nuestra satisfacción y gozo. Todos los cerebros tienden a alterar los sucesos pasados que propiciaron determinadas emociones, cuando las piensa en el pasado no las valora de igual manera que en el presente, por ejemplo, cuando consideramos de manera reiterada que podríamos haber hecho mejores cosas en el futuro inmediato.

Emoción que se atenúa con el picante

El tráfico vehicular, el embotellamiento persistente y el cierre de las calles es común en las grandes urbes. Carlos estaba atrapado en su auto, veía con una mezcla de enojo y miedo el reloj en su muñeca, cada vez que veía la hora incrementaba la sensación de incomodidad y encono que lo embargaba, una mezcla de enojo e impotencia. Llevaba más de 25 minutos de retraso para llegar a una de esas clásicas citas de negocios que termina con una comida para todos los involucrados. Para Carlos, cerrar un negocio en un restaurante al sur de la ciudad era un protocolo común. En su pensamiento, además existía la preocupación de dos puntos esenciales en el contrato que lo tenían incómodo, el hecho de llegar tarde ya lo había estresado de más, él es profesional en la negociación, pero cuando las emociones lo atrapan, los negocios suelen no cerrarse y se convierte en una pérdida para su empresa. No obstante, avisó su situación vía telefónica notificando su demora, cada vez que pasaban más los minutos de su estancia en el auto, ésta era más caótica: gritaba, tocaba el claxon, aventaba su teléfono celular, decía groserías; su rostro cambiaba cada vez que se suscitaban eventos que lo hacían sentir que la demora era catastrófica, como un semáforo en rojo o un auto que le ganaba el lugar; el retraso rompía en su mente totalmente lo planeado.

Carlos llegó al restaurant 40 minutos después de la hora acordada, desaliñado, despeinado, desorganizado en su vestimenta, la corbata chueca, la camisa desordenada, sudoroso, sumamente nervioso, con una risa fingida y pidiendo disculpas en cada frase que decía o respondía. Los comensales que ya se encontraban ahí, amablemente le pidieron que se sentara y se tranquilizara. Carlos, en sus pensamientos, ya se había adelantado a un escenario futuro inmediato de que ese retraso impediría la discusión de lo que realmente le interesaba, dos cláusulas que lo dejaban a él en condiciones vulnerables. El hecho de haber llegado tarde le hacía sentir que sería improcedente sugerir el cambio de esas cláusulas. Aún más, el enojo que él tenía contra sí, por haberse confiado en llegar a tiempo al restaurante y no pensar que el caos estaría en ese momento tan importante. Su abrumado pensamiento se interrumpió cuando percibió que en la mesa había una cantidad abundante de comida, aperitivos y botanas, sin percatarse que todas tenían picante. Carlos se sentía todavía nervioso y molesto, aunque empezó a comer por invitación amable de los presentes, cacahuates enchilados, papas con picante, pedazos de carne con chile, etc. En fracción de 5 minutos Carlos estaba con una sensación hormigueante y placentera en la boca, con tranquilidad y degustando el sabor intenso de lo picoso, a los 15 minutos Carlos Díaz sonreía sinceramente, bromeaba y se carcajeaba. A los 30 minutos sentía que había valido la pena la convivencia y el intercambio de anécdotas con los otros comensales. No obstante sentirse aún un poco apenado, se encontraba muy relajado. La comida duró prácticamente dos horas, la disfrutó de principio a fin, la firma de los contratos se logró sin ningún contratiempo y de manera sencilla negoció adecuadamente las cláusulas que lo preocupaban.

Carlos de camino a su casa, en su auto, empezó a reflexionar que, si bien tenía una gran tensión por la firma del documento, se sintió satisfecho por el resultado. Su negociación fue adecuada, pero sobre todo sintió que la comida había influido para que todo fuera un éxito.

Una de las reflexiones importantes que Carlos hizo respecto a la comida y la cita de negocios es que se sintió sumamente perceptivo a la comida picante, y que esto eventualmente transformó su enojo, molestia y estrés disminuyéndolos. Recordó que cuando era joven su madre preparaba comida picante y cómo esto hacía que la convivencia alrededor de la mesa se incrementara y terminaban entre risas y anécdotas. Recordó cómo de niño comía picante con los dulces, en diferentes horarios y además un aspecto muy importante era que el picante originaba una sensación placentera después de comerlo.

A partir de esa ocasión, cada vez que Carlos firma un documento nuevo, un contrato o existe la necesidad de convencer a algún cliente difícil, lo primero que hace antes de una comida es exponerlo de manera sutil a alimentos picantes. Hasta ahora nunca falla. El hecho de iniciar un intercambio de ideas después de haberse enchilado a través de comida picante genera resultados positivos a favor del convencimiento y el inicio de estar más tranquilos, cambiando la conducta favorablemente. Por más difícil que sea una negociación, el picante disminuye el enojo o la intolerancia.

El picante y el cerebro

Durante el enojo o una molestia grande, el cerebro tiene por efecto activar redes neuronales que inician en la amígdala cerebral, el tálamo y el hipocampo. El enojo genera un proceso de interpretación en la corteza somatosensorial generando con ello cambios en la percepción de muchos de los eventos que tenemos cotidianamente. El cíngulo y la amígdala cerebral cambian de interpretación los estímulos externos dando como resultado que en la gran mayoría de las cosas que nos suceden, nos hagan sentir vulnerables y al mismo tiempo generan una actitud de enojo que puede llevar a la violencia. Somos emotivos ante estímulos selectivos en nuestra atención, gradualmente la corteza prefrontal deja una atención específica solamente a las cosas que creemos que valen la pena. La región del cerebro conocida como ínsula cambia el procesamiento de las señales de información de manera inmediata, generando la percepción de un dolor físico o moral en la medida que más nos sentimos molestos. Poco conocemos sobre el hecho de que comer picante puede modificar la manera como percibimos el dolor ya que puede activar de manera selectiva las redes neuronales que nos hacen enojar, sin embargo, se obtiene una respuesta a corto plazo de generar placer. El picante tiene un principio activo que se llama capsaicina, la cual es una estructura semejante a la vainilla pero que en los receptores de nuestra boca conocidos como RPBI modifica la sensibilidad al calor, al dolor y al ardor. Comer picante hace que las papilas gustativas y nuestros carrillos bucales sientan dolor, esta respuesta cerebral genera una reacción liberando un potente analgésico endógeno llamado beta-endorfina que a su vez incrementa paradójicamente la liberación del neurotransmisor que nos genera felicidad, la dopamina. La sensación de ardor o dolor por lo tanto genera como consecuencia un efecto secundario, la sensación agradable después de haber consumido picante. Por lo tanto, cuando comemos picante en realidad estamos generando una sensación dolorosa cuya respuesta cerebral es generar placer como consecuencia. De esta manera, entre más picoso sea el alimento también se espera que la sensación placentera se incremente, debido a que comer picante gradualmente cambia la percepción de los detonantes que nos hacen enojar; es decir, comer picante genera liberación de endorfina que induce placer, nos disminuyen el enojo y las molestias sociales. La capsaicina hace más sensibles los receptores de la lengua por lo que la percepción a varios sabores incrementa y se sienten más intensos; al generar una sensación de dolor nos hace más conscientes de una posible inflamación en nuestra lengua y nos pone alertas.

A diferencia de otros tipos de dolor que pueden generarse en nuestro cuerpo, el picante genera una sensación de control, es decir, el dolor generado es esperado y al mismo tiempo no nos sentimos impotentes ante él, ya que podemos tomar de manera consciente la decisión del momento en que queremos terminar este sufrimiento, ya sea disminuyendo la ingesta o cambiando la manera como lo comemos. Ante ese dolor agudo, el cerebro genera una sensación de placer momentáneo con la liberación de beta-endorfina, esta es la razón por la cual el picante cambia notablemente la manera de ver la vida para no enojarnos o dado el caso, para que el enojo o el estrés pase más rápido.

El dolor inducido por el picante depende también de muchos factores: si estamos acompañados, el tipo de comida, la relación que tenemos con el horario, además de otros significados que le otorgamos cuando lo comemos. Lo que queda muy claro es que después de comer picante el estado de ánimo mejora y cambia la percepción de muchos de los estímulos externos. A una mayor liberación de endorfinas, el cerebro pareciera que disfruta aún más la sensación del picante. De tal manera que comer picante incrementa los procesos de advertencia de que viene un dolor y esto conlleva a agudizar muchos de nuestros sentidos principalmente el gusto y el olfato. Si asociamos el picante con las conductas como el enojo o el estrés, estas disminuyen significativamente su expresión porque la beta-endorfina cambia la activación de las neuronas de la amígdala cerebral y el reclutamiento que tiene de las neuronas con el hipocampo y el giro del cíngulo con la corteza prefrontal, por lo tanto, el picante nos hace tener una percepción agradable del momento.

ENOJARSE

Las emociones: enojarse no es malo en su totalidad ni debe siempre convertirse en un problema; si el enojo se autolimita rápidamente y no sale de los límites sociales, cumple una función biológica. Enfurecerse indica que el cerebro detecta algo en contra a lo que debe poner atención, esto prepara a nivel celular y metebólico para eventos fisiologicos relacionados con una posible lucha o bien condiciones para huir.

Mantener la ira desorganizada, de manera violenta por más de 45 minutos, sí representa un trastono de la personalidad. Explicar tu enojo en lugar de demostrarlo abre la puerta a una posible solución y evita una discusión larga y sin sentido. Un cerebro que contesta con la misma agresión, cae en el mismo error al identificarse con quien lo violenta o lo agrede.

El lado B: individuos con mal humor obtienen mejores resultados en las pruebas de memoria comparados con sujetos optimistas: los enojados tienen más atención a los detalles. Los sujetos malhumorados son más autocríticos y suelen responsabilizarse más de sus errores. Una persona enojada que se ve al espejo disminuye su conducta negativa e irracional más rápido, nuestras neuronas del giro del cíngulo cambian su actividad cuando ven los detalles de enojo en nuestro rostro, no nos gusta vernos enojados.

Dormir y las emociones

Margarita ya no soporta esta situación, todos en casa ya están durmiendo, prácticamente no hay ruido en la calle, incluso todos los condóminos de su edificio ya descansan. Ella es la única persona en su departamento que no logra conciliar el sueño. Está cansada pero no puede dormir. Trata de relajarse, pero es un suplicio estar acostada, da vueltas continuamente y no descansa. Cierra los ojos, pero es imposible, no logra pernoctar. Cuando parece que por fin se queda dormida, como maldición un ruido pequeño en la calle la despierta o un sobresalto le hace abrir los ojos, observa el reloj, esto sucede entre las dos y las tres de la mañana, así llega a las cinco de la mañana y tiene que levantarse para irse al trabajo. Sí, es un suplicio, desde hace siete meses ella percibe conscientemente que inició esta circunstancia, el insomnio vino de manera intempestiva.

Después de las nueve de la mañana, Margarita bosteza, se masajea la cabeza, se autopresiona el cuello, toma cada vez más café para no dormirse en la junta de la oficina y es justo después de comer en donde su cansancio es tan extremo que por momentos tiene que irse a esconder o sentarse en las escaleras de emergencia del edificio. Coincide también que en los pasados siete meses han sucedido, como en cadena, varios hechos: ha perdido su teléfono celular, su carácter se ha hecho agrio, irritable, violento e intolerante, y discute con más frecuencia por pequeñeces en su casa o en el trabajo. En los últimos dos meses incluso ha llegado a enviar mensajes provocadores a dos clientes. Algunas veces dormita en el transporte, pero aun así no logra un sueño reparador. Los ruidos la crispan, la voz de la gente la desespera. Se ha dado cuenta que ha subido de peso, aproximadamente 10 kg en los últimos cuatro meses, lo nota porque su ropa es ahora justa e incómoda, en su cintura le quedan marcadas las costuras de su ropa y se quedan impresas en su piel varias horas.

Hace 11 meses murió su madre, Hortensia, una mujer de 78 años que soportó una enfermedad crónica degenerativa. Su madre era su principal compañera, confidente y quien le ayudaba a las tareas del hogar y con el cuidado de su hija. Hace cinco meses terminó una relación con Jorge, cuyo noviazgo duró cuatro años. Lo pensó por mucho tiempo, pero ya no pudo más, tenía que salirse de esa relación complicada con un hombre que le hacía la vida más difícil. Las discusiones cada vez eran más frecuentes y ella enfrascada en escenas de celos prefirió ya no prolongar la relación. Le ha dolido mucho, llora su recuerdo en ocasiones. A pesar de cambiar el horario de trabajo para buscar nuevas opciones y romper rutinas en su vida, en los últimos cuatro meses toda esta situación parece empeorar.

La relación con Ximena, su hija, es cada vez más tensa, pareciera que es la última pieza de su rompecabezas que la desorganiza más, su hija de 14 años de edad detona su molestia y su ira cuando le cuenta sus experiencias del día. Margarita, a su vez, considera que no la ayuda, no la escucha o no la comprende.

Margarita no puede más, si acaso llega a dormir entre tres a cinco horas al día, el insomnio parece ser cada vez más devastador: no puede acostumbrarse a su nuevo horario, extraña demasiado a Jorge, las fotos de su madre aún producen el detonante para hacerla llorar, su memoria a corto plazo está afectada: se le olvidan las cosas, se desquita de sus molestias con su hija, las tensiones del trabajo son cada vez más pesadas y el hambre aumenta con la consecuente ganancia de peso.

La necesidad de irse a dormir es alta, pero el día termina como los últimos meses: sin concertar el sueño. Se siente devaluada. No sabe si ir con un médico, con un nutriólogo o con un psiquíatra, lo que sí sabe es que cada vez más el nerviosismo la amenaza y la hace pensar que se está volviendo loca o que algo grave le va a suceder.

Dormir, emociones y cerebro

Dormir de manera inadecuada impacta directamente sobre la generación e interpretación de las emociones, la consolidación de la memoria, la sensación de hambre, sobre los cambios hormonales que inciden en la función cardiovascular, el estrés, incluso en la composición de la flora bacteriana intestinal. Dormir mal incide directamente en la gestión de nuestras emociones y la salud mental.

El cerebro privado de sueño es capaz de detectar detonantes nocivos en la vida cotidiana, sin embargo, atenúa los procesos de reparación sináptica, disminuye el aprendizaje y la memoria, repercutiendo en varias regiones, entre ellas la corteza cerebral, el hipotálamo, el hipocampo y núcleos ubicados en el tallo cerebral. En la gran mayoría de los cerebros con insomnio pueden estudiarse los detonantes de manera evidente como lo son el estrés, cambios de horario; situaciones inductoras de tensión como son la muerte de un ser querido, el cambio de trabajo o la ruptura de una relación amorosa. Esto se incrementa si se siente una presión laboral o social, lo cual hace que el sistema nervioso central encuentre en cualquier momento un detonante de peligro que haga que mantenga condiciones de atención lectiva porque está en riesgo; es decir, en todos lados ve una posible amenaza, por eso aún cansada no puede conciliar el sueño y si está aparentemente dormida, su cerebro está hiperactivo, para evitar ser presa de un posible depredador.

Dormir no es una fase pasiva del cerebro, el sueño genera una gran actividad cerebral, ayuda a consolidar lo aprendido, a fortalecer todo lo que hemos visto en el día previo si esto es significativo para el aprendizaje; es decir, durante el sueño más reparador (sueño paradójico o de movimientos oculares rápidos, MOR) es cuando memorizamos, cuando aprendemos. Con el sueño profundo disminuimos las toxinas producidas en el día, como metabolitos, grupos amino o exceso de iones, además de disminuir los radicales libres (electrones desapareados) que durante el día han sido generados y que durante el sueño profundo pueden ser eliminados con mayor eficiencia, en otras palabras, las sustancias nocivas de las neuronas se depuran cuando dormimos. Dormir es cuando la plasticidad neuronal se fortalece, cuando las conexiones entre neuronas conocidas como sinapsis se incrementan generando con esto eficiencia en la comunicación de varios núcleos neuronales, motivando a cambios anatómicos para mantener condiciones favorables para solución de problemas y al mismo tiempo eliminar aquellas sinapsis que no utilizamos. Si bien mientras dormimos consumimos menos energía, es el momento en que el cerebro ajusta los horarios de liberación de hormonas y regula el metabolismo de todo el cuerpo. Cuando dormimos, regulamos la biosíntesis y se da la liberación de varias hormonas y sus receptores, desde las gonadotrofinas, insulina, glucagón, cortisol y citocinas, hasta las hormonas que están relacionadas con el hambre, como las orexinas. El insomnio de una sola noche es capaz de incrementar la liberación de sustancias responsables de cambiar la sensación del hambre en el día, modificando la saciedad. El hipotálamo que no duerme incrementa la ingesta calórica, el individuo desvelado tiene más hambre y come más, come durante todo el día y la probabilidad de subir de peso es cada vez mayor.

Si no dormimos el cerebro se comporta como si estuviera alcoholizado, cambiando con esto el ciclo luz oscuridad (sueño y vigilia) que involucra directamente la disminución de su capacidad para tomar decisiones y reduce la agudeza y exactitud de sus movimientos finos. En el caso de estar desvelados por mucho tiempo los niveles del metabolito denominado adenosina se incrementan mucho. La adenosina es responsable de hacernos sentir cansados y favorece aún más el consumo de glucosa y de oxígeno por parte de las neuronas.

El cerebro humano necesita al menos 6 horas de sueño por cada 24 horas. Dormir menos de este tiempo cambia principalmente la liberación de insulina, la hormona que ayuda a asimilar la glucosa por parte de las células de nuestro cuerpo. La probabilidad de ser diabético se incrementa significativamente cuando el insomnio nos atrapa. Las regiones cerebrales relacionadas con la tensión psicológica como la corteza prefrontal, el hipocampo y el tálamo disminuyen la intercomunicación neuronal, por lo tanto, este es el principal factor que involucra directamente la disminución de la atención selectiva, su evocación y la toma de decisiones, es la explicación por la cual a una persona que no duerme le resulta más fácil que pierda cosas, olvide datos, omita tareas. La persona que no duerme tiene mayor labilidad emocional, es decir, facilidad de pensamientos negativos, mayor probabilidad de llanto e irritabilidad, lo cual es resultado del incremento en la actividad de las neuronas del núcleo ventro-medial y central de la amígdala cerebral. Tener altos niveles de adenosina hace que un individuo se enoje más fácil, además con esto puede tener comportamientos más arriesgados y engancharse con situaciones de tensión social y psicológica. Ante una privación de sueño solemos hacer actos mecánicos, soñar despiertos, cambiar el umbral del dolor. El insomnio favorece una desincronización de las redes neuronales de la visión, los centros del control motor, las redes auditivas y las neuronas que proyectan ideas. Desvelarnos conlleva a una desorganización

EL LADO B DE LAS EMOCIONES

de pensamientos, caos en la interpretación auditiva y visual y de jerarquización de estímulos. Cometemos más errores y nos hacemos lentos para reaccionar.

El sistema inmunológico disminuye gradualmente de manera proporcional a las horas que se han quitado de sueño. De esta manera, el insomnio disminuye nuestra capacidad de defendernos desde el punto de vista inmunológico ante virus, hongos y bacterias. El impacto conductual de manera directa es que solamente tomamos una cuarta parte de nuestras decisiones cuando estamos cansados.

Dime cómo duermes y te diré si tienes sobrepeso, qué tanta irritabilidad mantienes y si tu memoria es eficiente. Es un hecho que tenemos una evolución del sueño a lo largo de la vida: de niños dormimos más, gradualmente el cerebro de los adolescentes va reduciendo las horas y esto se hasta la etapa senil. Los varones suelen dormir menos que las mujeres. Dormir mal nos hace cambiar nuestras emociones, alterar significativamente la percepción del mundo, haciendo triviales algunas preocupaciones o problemas importantes y otorgar mucha importancia a cosas irrelevantes. Tener insomnio además de reducir las horas de sueño aumenta la incapacidad crónica de no conciliarlo cuando se desea. Es una necesidad y por bien de nuestra salud es conveniente dormir bien.

Es adecuado para nuestras neuronas procurar el descanso, ir a la cama con horarios, entre más cansados mejor.

Evitar a lo máximo ver pantallas de tableta, teléfono celular, computadora o TV en la cama, esto no permite que cambien los niveles de melatonina, histamina, adenosina y endorfina en el cerebro, pues prolongamos la activación cortical y posponemos el sueño reparador. No es recomendable antes de dormir comer alimentos ricos en carbohidratos, tomar café, ingerir bebidas estimulantes, todo ello contribuye a mantener activa la formación reticular ascendente, un área en el tallo cerebral que nos mantiene despiertos. Debemos consentir al cerebro, a su hipotálamo y tallo cerebral, desde aprender a relajarnos, hacer ejercicio aeróbico de manera cotidiana, romper rutinas, meditar y aprender una nueva actividad cada mes. Esto ayudará, no va a cambiar nuestra realidad por momentos tristes, irritantes o difíciles, pero contribuirá un poco a adaptarnos mejor y a reconocer que es muy importante saber descansar y dormir.

AGRADECER Y EMOCIONES

Las emociones: agradecer a los demás conecta neuronas corticales, del hipocampo, el giro del cíngulo y la ínsula. Decir gracias, establece una neuroquímica inmediata para disfrutar el momento. Ser agradecidos disminuye la generación de emociones como el enojo, el desprecio y la envidia.

El lado B: ser agradecido es uno de los principales factores que ayudan a la felicidad, contar con alguien en quien confiar, tener la sensación de libertad para tomar decisiones en un ambiente con generosidad, nos hace sentir confianza. Las personas que agradecen y se perdonan a padecen menos dolor tanto en su percepción como en su mantenimiento.

La memoria del cuerpo

"¡Y no te levantas hasta que te lo acabes! ¿Me oíste? ¡Te lo acabas!" Los ojos de María estaban desbordados, húmedos, inflamados, una mujer madura de 37 años se transformaba con su hija cuando ella ya no quería comer del plato que María le había servido, su mirada colérica era penetrante, su rostro reflejaba una gran ira, señalaba con su dedo índice derecho el plato de su hija Gabriela. Era increíble la metamorfosis psicológica de esa madre amorosa cuando llegaba el momento de comer verduras y carne. Su hija Gabriela no apetecía seguir comiendo lo que estaba en su plato, ya sea por el sabor de los alimentos, por su consistencia o por el miedo del entorno. "¡A mí no me regalan la comida!" remataba casi gritando María.

Ya había pasado más de una hora, Gabriela de apenas siete años lloraba y pedía consideración para dejar la comida, su voz era ínfima, pedía permiso de levantarse e irse hacer otra cosa. En ese momento el contenido del plato ya se encontraba frío y evidentemente no era apetecible, no había forma que cualquier persona consumiera esa comida en dicha condición. Las lágrimas de la niña no impactaban de ninguna manera en la forma como María seguía esperando que se terminara las verduras y el pedazo de carne frío que aún estaban servidos en el plato. "¡Te las comes, porque te las comes! De otra manera, ya sabes ¡te pego!"

Efectivamente, María cumplía una de las dos premisas, Gabriela se comía los alimentos fríos, con náusea, entre llanto y súplicas, o desafortunadamente, en la mayoría de las ocasiones, recibía golpes en su cuerpo o en su cabeza, que originaban moretones y dolor físico y en la más de las veces dolor moral, culpa y vergüenza. "¡Así se educa! ¡Un día me lo vas a agradecer, me duele más a mí que a ti!", decía María satisfecha. En diferentes momentos, María abría la boca de Gabriela con violencia para meterle grandes porciones de la comida ya seca, fría, lastimando la boca de su hija, rasgándole los labios o raspando su lengua. Y ante el vómito o el regreso del alimento, se repetía el evento de intento en intento, hasta que Gabriela, cedía al nivel de dolor y fuerza desmedida de su madre.

Este acto era más frecuente de lo que Gabriela hoy recuerda. En alguna ocasión, María aventó el plato a un metro del comedor, la niña obligada por la ira de su madre tuvo que comer del piso la sopa que no había podido terminarse en la mesa. Esta degradación fue una de las que más le quedaron en la memoria a Gabriela. La agresión a la hora de comer era frecuente y cada vez más intensa. Gabriela no recuerda en qué momento empezó, pero sí cómo la intimidación era cada vez más extendida. Todo sucedía cuando se servían verduras con carne y en otras ocasiones, lentejas. No había manera que ella pudiera comer ese tipo de platillo, cada vez que lo veía frente a sí, empezaba a temblar, le sudaban las manos y en cuestión de minutos empezaba a llorar. Su desesperación, miedo y ansiedad se desbordaba en menos de tres minutos. Tal parecía que era el argumento de una película de terror. María estaba esperando el lapso para iniciar el ataque caracterizado por el descontrol y afanoso lenguaje colérico en contra de su hija. Aunque la relación madre e hija podría desarrollarse en otros ámbitos de manera menos provocadora, la obligación de comer cierto tipo de alimentos y terminarlos del plato correspondían a una serie de incidentes en la cual Gabriela terminaba en la mayoría de las veces humillada e implorando. La sensación de ansiedad generada por las verduras o carne en el plato, comer del piso la sopa fría, asociada a la violencia y ofensa, en paralelo a las lágrimas y desesperación, hicieron que Gabriela tuviera muchos conflictos con la sensación, aroma y sabor de esos alimentos en el futuro.

Hoy Gabriela tiene 25 años, está casada desde hace cuatro años con Efraín y tienen una hija a la cual por momentos genera situaciones semejantes a lo que Gabriela sufría en su infancia, ella quiere que su hija coma como supone correcto comer: terminar todo el alimento servido en un plato, sin discusiones, sin argumentos, no terminar los alimentos por parte de su hija genera ahora enojo en Gabriela, semejante a lo que pasaba con su mamá. La víctima ahora es victimaria.

Actualmente, es cuestión de minutos, si Gabriela pasa por algún restaurante o sitio en donde se está cocinando la comida y huele la cocción de carne, sopas o el olor del vapor de verduras cocidas, le inducen náuseas, puede marearse y en ocasiones desarrollar dolor abdominal y temblor de manos. Esto continúa hasta generarle un intenso dolor de cabeza que no cede hasta que se toma dos analgésicos automedicados. Se enoja sin detonante alguno, el malhumor aflora, las groserías fáciles aparecen en su léxico, se desespera. Ella a veces reconoce esta fase y se da cuenta de que por más que haga, no logra controlarla, no puede, la desestabiliza. Sin embargo, muchos de estos eventos suceden en situaciones imperceptibles, sin saberlo, le generan enojo asociado a la desesperación, no puede tolerar el chasquido de otras personas al comer o masticar, su cara gradualmente se transforma durante las siguientes horas con una sensación de un hueco en el abdomen.

Gabriela ha visitado a varios médicos, desde gastroenterólogos hasta médicos internistas, todos en su momento le han recetado diferentes tipos de tratamiento, estudios y medicamentos para la anemia, ronchas en la piel y edemas en sus piernas, pero ella no ha comentado el origen del trastorno psicológico, porque no lo considera así. Ella piensa que el origen de sus signos y síntomas son un castigo de su infancia, por la culpa de hacer enojar a su madre o porque simplemente come mal y un día tal vez desaparezcan como vinieron, aunque por meses parece que esta sintomatología empeora. Es notable su grado de desnutrición, falta de peso, la señal de sus huesos de las costillas, un marcado color pálido de su piel, alergias y caída del pelo. Cada día su intolerancia, asco y nula empatía a muchos alimentos crecen en su lista.

Gabriela es un caso de consecuencias por maltrato infantil y de un largo trauma del desarrollo, su cuerpo es una memoria de los eventos que le sucedieron en su infancia y la adolescencia. Sin ser consciente de todo, está atrás el martirio de la comida, la cotidianidad de los aromas o la presencia de alimentos de otras personas ante sí. Ella no ha pensado en que la terapia psicológica puede ayudarle a modificar la manera de interactuar con algunos tipos de alimentos o situaciones que cambian su emoción en tiempos tan cortos.

Lo que explican las neurociencias

Nuestro cerebro está compuesto por aproximadamente entre 86 mil millones a 100 mil millones de neuronas, no todas responden de la misma manera, algunas son distintas en las frecuencias de actividad y otras lejos de su sitio anatómico se conectan más rápido. Estas neuronas regulan la función, la adaptación, la memoria e integración de muchos de los estímulos tanto internos como externos. La función básica de las neuronas es adaptarnos a los cambios que ocurren en el entorno, pero también a las interpretaciones que suceden dentro de nuestro cuerpo. Las neuronas que se encuentran específicamente en regiones anatómicas de nuestro cerebro como la amígdala cerebral, el hipocampo, el giro del cíngulo y el hipotálamo son importantes para generar emociones, producir hormonas, crear recuerdos, interpretar información y modificar nuestras conductas. La manera como respondemos a la gran mayoría de los estímulos de la vida cotidiana, de manera adecuada o no, es por la integración principalmente de las neuronas que se encuentran en estos núcleos neuroanatómicos del cerebro conocido como sistema límbico.

La respuesta eléctrica de una neurona ante un estímulo se le conoce como potencial de acción, los cuales son estímulos eléctricos eficientes de comunicación entre neuronas, estos potenciales de acción son los que liberan sustancias químicas como los neurotransmisores y los neuromoduladores. A mayor capacidad de una neurona para generar potenciales de acción, se le denomina que tiene una función más excitable. Las estructuras del sistema límbico como la amígdala cerebral y el hipocampo son las estructuras más excitables en el cerebro, en conjunto con los ganglios basales y la corteza cerebral. Por este motivo el cerebro de los humanos y de muchos mamíferos es emotivo, sensible, perceptivo y eventualmente existe la razón, es decir, la naturaleza neuronal y de comunicación de nuestro cerebro, nos hace ser primero seres emocionales y gradualmente razonables. Por la naturaleza biofísica y funcional de comunicación de nuestras neuronas, primero tenemos y proyectamos emoción, luego, como resultado de nuestra estructura fisiológica cerebral y de manera gradual, aprendida y cognitiva, va apareciendo la razón, emerge la lógica y se favorecen ulteriormente los filtros sociales que limitan nuestras decisiones.

Las neuronas se van conectando, comunicando y pasando cada vez más información unas con otras a partir del momento en el que nacemos, no todas las conexiones (sinapsis) permanecen, aunque la mayoría de estas sinapsis son funcionales y son las responsables de nuestro aprendizaje, memoria y adaptación de lo que sucede alrededor. A una mayor cantidad, diversidad y cambios de estímulos, hacemos más sinapsis, es decir, a mayor cantidad de experiencias, vivencias y aprendizajes, estos se quedan en nuestro cerebro por la cantidad de redes neuronales que se hacen por eventos repetitivos o muy significativos que conectan a las neuronas. Aquí reside el término de plasticidad neuronal. Al comunicarse las neuronas, va haciéndose más eficiente un concepto o tarea, lo cual garantiza un aprendizaje o mejor adaptación a un evento (plasticidad neuronal positiva), un cambio permanente que garantiza eficiencia del cerebro. Pero también se puede dar plasticidad negativa, como en una epilepsia o algún trastorno, que hace que las neuronas generen conexiones aberrantes y el sistema no aprenda o sea incapaz de funcionar adecuadamente.

El cerebro humano tiene periodos críticos en su conectividad neuronal, es decir, en ciertas épocas de la vida del ser humano, algunas estructuras cerebrales se van a conectar más y van a formar circuitos neuronales eficientes que van a ser utilizados en la etapa adulta. Algunos grupos neuronales se conectan más y de una manera muy selectiva entre los 7 y 14 años. Esta es la etapa crítica de la formación neuroanatómica funcional de las emociones. La memoria y las interpretaciones que serán el sustento de muchas de las emociones de un humano adulto se construyen en la infancia y la adolescencia. Si bien la neuroanatomía tiene una programación genética de comunicación de varias áreas y estructuras cerebrales, muchos de los eventos psicológicos y sociales que nos suceden en esta etapa de la vida, conllevan a cambios como en un grupo de neuronas del sistema límbico que se hace más excitable o cuando algún trastorno genera que no sea eficiente porque falla la conexión. Nuestro cerebro genera, detecta, interpreta y organiza emociones que eventualmente suelen repetirse porque las neuronas del sistema límbico entre los 7 y 14 años tienen una plasticidad neuronal funcional que favorece esa repetición de lo que más aprende, ve y se le enseña en este periodo. La expresión de las conductas de un adulto tiene antecedentes profundos en lo que más experimentó, de las vivencias y del aprendizaje que ellas le dejan. Entre los 7 y 14 años de edad, la expresión de genes, organización celular, de proteínas de adhesión de membrana, organización de proteínas sinápticas y la distribución de las conexiones neuronales son más enriquecidas, diversas e inmediatas, esto es el sustento que explica esta etapa crítica de cambios neuronales que prevalecerá la mayoría de nuestra vida, será el cimiento sobre el que se edificarán muchas de nuestras conexiones neuronales que harán que nuestro cerebro aprenda, se emocione y se adapte a alguna nueva circunstancia o fracase, sea ilógico y no vea su violencia o intolerancia. Los cambios sinápticos que suceden en este periodo crítico de la vida son fundamentales para la construcción de la personalidad, los cambios del carácter y el proceso de resiliencia del ser humano.

La amígdala cerebral es una estructura neuronal que responde de manera inmediata a los estímulos externos, es una de las áreas neuronales más excitables del cerebro. Esta estructura está dividida en 13 núcleos, su organización es tan eficiente que, en menos de 500 milisegundos, es decir medio segundo, se organiza una respuesta o un cambio en nuestra conducta. Por su rápida actividad, plasticidad y excitabilidad a la amígdala cerebral se le otorga el principio fisiológico de todas nuestras emociones. El inicio de muchas emociones que sentimos ni siquiera son pensadas de manera razonada, son generadas por una estructura neuronal que comúnmente trabaja de manera automática y que va muy relacionada con una rápida respuesta que no necesariamente tiene lógica. La amígdala cerebral tiene una relación de conexión anatómica con prácticamente todas las áreas del cerebro que integran neuronas, una conecxión con sobre lo que se observa, con las que escuchan, las que interpretan dolor, dilucidan emociones del interlocutor, pero también y especialmente con la estructura cerebral responsable del sentir y controlar el hambre, la saciedad, el enamoramiento, el control de la temperatura, la detección de movimientos intestinales, e incluso la micción y la defecación; esta estructura es el hipotálamo. Otra comunicación altamente funcional por parte de la amígdala es la entrada de la trayectoria de la vía olfativa, que genera cambios inmediatos en nuestra conducta con cierto tipo de olores desde el maravilloso y excitante aroma de un perfume hasta el olor que detona el asco como el del excremento.

La evolución de la comunicación entre la amígdala cerebral y el hipotálamo en el desarrollo de las conductas de los mamíferos y en especial del cerebro humano, queda de manifiesto al identificar cómo están relacionados con la supervivencia, al detectar olores de comida o al sentirse atraído por una pareja; el miedo, por algún posible agresor o depredador; el enojo, ciertos olores generan incomodidad como sustancia putrefactas o gases; interpretaciones constantes y al mismo tiempo con condiciones muy relacionadas con la memoria, por ejemplo, el olor a bebé o la de ciertos alimentos.

Queda claro que cuando un detonante activa a la amígdala cerebral nos puede cambiar la conducta de manera rápida, ya sea un gusto, un orgasmo, una cara, un susto, un recuerdo, un olor, etc. Esta estructura cerebral tiene comunicación neuronal con el centro neuronal regulador de la actividad respiratoria y cardiaca del tallo cerebral, en paralelo a los detonantes mencionados, también se modifica la frecuencia respiratoria y la actividad cardíaca activándolas de manera inmediata y generando como consecuencia cambios en el incremento de oxígeno en la sangre, aumento de la presión arterial y en el metabolismo. Esta es la razón de del vínculo emoción-corazón-respiración.

Cuando la actividad neuronal de la emoción (amígdala cerebral) se asocia a la memoria (hipocampo), las conductas pueden tomar una evolución temporal distinta y el aprendizaje se incrementa. Activar estas dos estructuras cerebrales puede generar reacciones relacionadas con la defensa ante un estímulo adverso o cambiar nuestra manera de comportarnos cuando vemos a la persona amada. Esta interacción neurofisiológica es responsable de los estímulos condicionados, por ejemplo, un recuerdo, un olor, una emoción, un sonido, un aprendizaje, etc. El hipotálamo genera hormonas, y lo que inicialmente era una respuesta neuronal, el hipotálamo lo convierte en estímulo hormonal que acciona a otros órganos del cuerpo a mediano y largo plazo como el corazón, el intestino, la tiroides y las glándulas suprarrenales.

El hipocampo agiliza los recuerdos, el hipotálamo impulsa las hormonas y la amígdala cerebral genera las emociones. El inicio de las conductas humanas tiene a estos tres núcleos cerebrales como responsables de nuestras conductas defensivas, de apego, de hambre, de deseo sexual o agresivas. Cuando las neuronas de la amígdala cerebral se asocian en su frecuencia de activación con las del hipocampo e hipotálamo, trabajan en frecuencias de activación dinámica y repetitivas; así, un individuo puede tener emociones de miedo que pueden cambiar a angustia y eventualmente de huida, pero también pueden generar conductas defensivas asociadas a la irritabilidad e ira.

Todos los seres humanos somos irrepetibles, cada uno tenemos una "huella dactilar neuronal del sistema límbico y su corteza prefrontal", las conexiones neuronales en algunas personas son más excitables en el sistema límbico lo cual las hace irritables, iracundas o poco tolerantes. Aunque semejantes, somos diferentes en nuestro cerebro por conexiones que dependen de la etapa crítica de la formación de la plasticidad neuronal que a su vez depende de la experiencia de vida de cada persona. La distinción de conectividad neuronal se inicia entre los 7 y 14 años.

El cerebro castiga cuando el límbico (amígdala-hipocampo-hipotálamo) se activa en tal magnitud que cambia la frecuencia de activación de las neuronas del giro del cíngulo (zona de interpretación de la conducta del interlocutor) asociado a una disminución de la excitabilidad neuronal de la corteza prefrontal dorsal (la que evalúa culpabilidad y consecuencias) con la zona temporal-parietal de la corteza cerebral (evalúa culpa y castigo). Es decir, solemos castigar cuando la emoción nos invade mientras interpretamos la conducta de quien tenemos enfrente y disminuye la actividad de las áreas neuronales que ponen los límites sociales a nuestra conducta.

Desafortunadamente, María, la madre de este caso, en su infancia tuvo un entorno social violento que le enseñó gradualmente que la intimidación es el método para hacerse ver y llamar la atención. Con consciencia o sin ella, este proceso aprendido en su cerebro lo repite, porque no ve en ella su propia violencia, la desensibilizó, no reconoce su ira. Quien no reconoce su conducta no es consciente de lo que puede hacer para un cambio. Esta generación de padres poco a poco va modificando las redes neuronales del cerebro de sus hijos, convirtiéndolos en la mayoría de los casos en cerebros que repiten muchos de esos actos: cambiando la conectividad límbica y prefrontal del cerebro.

En ocasiones, sólo el olor recuerda una experiencia. Pero si la experiencia es dolorosa, humillante y violenta, la conducta puede ser evitativa, de miedo o agresiva. Porque el cambio anatómico que se inició en la infancia y adolescencia modifica la lectura de los detonantes o la hipersensibilidad a los estímulos. Muchas personas no saben de dónde viene su mal humor, su enojo constante o su sensación de incomodidad. La gran mayoría de su entorno social lo califica de mala persona, carácter áspero o personalidad gris. No obstante, en algunos de ellos su emoción viene de detonantes imperceptibles, un aroma, un chasquido al masticar, una risa sin explicación o el sabor de algo asociado a dolor y amargura. Las víctimas gradualmente se vuelven victimarios sin percibirlo, suelen repetir algunos eventos en su conducta que los hacen ver como copias de la generación que los humilló o los regañó. Gabriela, la hija, no ha podido definir el origen de muchos de los problemas de salud y su relación con su alimentación, porque no sabe hacerlo, por el miedo nuevamente a la humillación y el dolor moral que de ello emana. Lo delicado es que las consecuencias de una inadecuada lectura de los cambios biológicos en el cuerpo no otorgan una relación con el trasfondo psicológico de una etapa de su vida que asocia culpa y vergüenza. El sistema límbico hiperfuncional de Gabriela no le permite ver su ira por momentos, lo que ésta representa y cómo repercute en su interacción con su hija, por su enojo con la manera de interaccionar con algunos alimentos. Los alimentos son el detonante, pero su cerebro, su amígdala cerebral, su hipotálamo y su hipocampo le hacen recordar detalles de momentos terribles, destellos rápidos de dolor y culpa. La amígdala reacciona desencadenando la conducta evitativa de enojo, que le hace cambiar la liberación de noradrenalina y cortisol, generando cambios en la presión arterial, frecuencia respiratoria ansiosa, movimiento intestinal disminuido y caída del cabello. El hipotálamo cambia las hormonas de la saciedad y el hambre, las grefilinas, orexinas y la sensibilidad a la leptina, que son responsables de atracones de comida o de ir al extremo de no tener hambre. La anemia y la deficiencia de vitaminas por la carencia del consumo de vegetales y de carne son la causa de la palidez, manchas y lesiones en la piel.

Muchas personas llegan a conclusiones deterministas: "soy la viva expresión de los malos actos de mis padres", "soy así porque me hicieron un monstruo", con lo que justifican sus conductas y sus actos violentos. Los cambios neuroanatómicos que explican mucho de las conductas humanas en algunos casos no pueden revertirse, no obstante, la terapia psicológica profesional puede ayudar a generar plasticidad neuronal para controlar el origen de la conducta que genera molestia. Aún no podemos revertir todos los cambios neuroanatómicos iniciados en la infancia y procesados sin restricción o contrapeso de adultos, pero el cerebro humano tiene esperanza; en la actualidad, la terapia psicológica efectivamente funciona y puede cambiar la manera de integración y adaptación del sistema límbico, en especial la amígdala cerebral y el hipocampo, podemos cambiar la lectura y el origen del detonante y la memoria de lo que lo origina.

El cerebro humano tiene una capacidad resiliente, es decir, puede aprender, entender y adaptar variaciones emocionales a partir de entender el origen y regresar o buscar un equilibrio ante las exigencias. Cuando puede hacerlo, disminuye el origen del sufrimiento psicológico o del malestar. El cerebro, a partir de su plasticidad neuronal, puede adaptarse y sobreponerse a momentos críticos. Esta superación ante la adversidad tiene mucho que ver con el sustrato neuronal que la persona tiene. Sacar lo mejor desde el punto de vista psicológico para adaptarse mejor a las condiciones adversas depende de la plasticidad neuronal del hipocampo, giro del cíngulo y corteza prefrontal. Depende mucho entonces de la edad, la consciencia del problema, factores como alimentación, hábitos de sueño, medicación y la asociación de enfermedades como la diabetes, la hipertensión o el nivel de soledad que se tiene en diferentes etapas de la vida. Sobre todo, ser consciente de que se necesita ayuda. Ser asertivo y cambiar la lectura de un problema para adaptarse más rápido. Los cambios anatómicos, funcionales y de plasticidad en el cerebro se pueden lograr cuando se tiene conciencia de las deficiencias y del reconocimiento del origen del problema. Un terapeuta, un médico o un personal de salud ayuda más cuando se le permite intervenir. Gradualmente, la terapia funcional ayuda a generar plasticidad neuronal entre la corteza y la amígdala cerebrales lo cual contribuye notablemente para regular y adecuar las emociones. El cerebro humano recuerda a una velocidad 20 veces mayor en vigilia que durante el descanso, por lo que encontrar una explicación a nuestros problemas, debe ser consciente y con disposición real de identificar dicho origen.

LAS CONDUCTAS SE APRENDEN

La conducta: repetir una conducta hace que ésta se aprenda y quede registrada en varios circuitos neuronales del cerebro, en especial el hipocampo, la amígdala cerebral, el giro del cíngulo y el núcleo estriado, generando con esto una unidad automática para hacer eficiente cuando se vuelva a repetir en caso necesario. La corteza prefrontal es el supervisor de muchos de estos módulos repetitivos por lo que su activación puede interferir en la formación del aprendizaje de la conducta o en su caso ayuda a incrementar la sinapsis para que el sistema mantenga por mucho tiempo la conducta aprendida.

El lado B: la gran mayoría de nosotros actuamos sin pensar mucho cuándo es necesario otorgar respuesta a una tarea que dominamos, generar resultados o expresar una emoción si ya la conocemos. La experiencia prefrontal y la respuesta neuronal límbica asociada es la que otorga una adecuada toma de decisiones. Para aprender a fijar un pensamiento, un hábito o una conducta se necesitan tres procesos básicos cerebrales: 1) Se explora detenidamente la nueva conducta. La corteza prefrontal registra una gran actividad con el estriado y a su vez el área tegmental ventral facilita la liberación de dopamina para un aprendizaje. Sin emoción no se aprende, o tardamos más para consolidarla, la emoción es fundamental en el aprendizaje. 2) Formación de comunicación especifica entre el estriado (estructura neuronal que repite constantemente la información) y la corteza sensorio motora pero una menor liberación de dopamina, lo cual indica que ya está consolidándose el aprendizaje. 3) Después de ser aprendida y codificada la nueva conducta o aprendizaje, varios núcleos cerebrales fijan la tarea para tratar de hacerlo permanente. De acuerdo a la motivación y cantidad liberada de dopamina, un nuevo hábito, conducta, o rutina puede sustituir a las previamente arraigadas o diversificarlas con una nueva experiencia.

La risa en el cerebro

—Hola, yo soy el autor de este libro.

—¿Por qué dibujó un dedo en la primera página?

—¡Ah! es el índice.

Niños, ¡no jueguen con Fuego! —dijo la maestra... Y Fuego se quedó sin amigos.

¿Cómo se queda un mago después de comer su pastelito?... Magordito.

—José estás obsesionado con la comida, de verdad, ¡no te soporto!

—¿Qué me quieres decir croquetamente?

Leído en Tinder:

Hombre invisible busca a mujer transparente para hacer cosas nunca vistas.

¿Qué le dice un gusano a otro gusano?... Voy a darle una vuelta a la manzana

—Y tú... ya me tienes harto, estás obsesionada con ¡perder peso!

—¿Pero qué tonterías dices, Calorías?

—¡Carolina! Me llamo Carolina...

—Que niño tan bonito ¿cómo te llamas?

—Yoleno.

—¿Y de dónde viene ese nombre?

—De Los Bitle.

"Un día sin una sonrisa, es un día perdido".
(Charles Chaplin)

Las bases neurofisiológicas de la risa

La risa tiene un proceso biológico neuronal, con un determinismo dinámico y recíproco social inmediato. Se da como consecuencia ante situaciones, por sorpresa, al disfrutar, cuando somos divertidos, con la alegría, ante el miedo, por un triunfo, ante la burla, el placer. La risa es un proceso emotivo y cognitivo, socialmente nos iguala y exhorta a la empatía. El cerebro humano tiene una capacidad para interpretar la risa no solamente por la intención sino por la fonética. El cerebro puede reír espontáneamente a partir de la quinta semana de vida extrauterina pero la risa de intercambio social se da a partir del cuarto mes de vida. No somos los únicos mamíferos que reímos ya que se ha cuantificado que pueden reír los roedores y los primates cercanos al humano, sin embargo, el cerebro humano es el único capaz de percibir el humor como un fenómeno íntimamente relacionado con la risa.

La risa tiene varios beneficios en nuestro cuerpo, si la risa es sincera y duradera, su impacto biológico positivo es mucho más fuerte, por ejemplo, mejora cuantitativamente el ánimo, incrementa la sensación de bienestar, fomenta la sensación de pertenencia a un grupo social, ya sea la familia o amigos, favorece la estabilidad de la relación de pareja. Amplía la producción de interleucinas en la activación del sistema inmune, produciendo más anticuerpos, modifica el umbral al dolor, nos hace recuperarnos de una dolencia o enfermedad, incrementa la actividad cardiovascular lo que contribuye a una mejor perfusión a los músculos de la cara y del tórax que a su vez ayudan a respirar con mayor profundidad e incrementar el consumo de oxígeno. La risa es un factor fisiológico fundamental para disminuir la hormona del estrés, el cortisol y en consecuencia reduce la generación de ansiedad y por supuesto incrementa los niveles de dopamina y noradrenalina, lo cual contribuye a modificar las sensaciones tristes y por supuesto mejora los estados depresivos.

La sonrisa incrementa el atractivo de las personas, genera confianza al inicio para relacionarse. Pero al cerebro le llama poderosamente la atención cuando la considera falsa o exagerada. Cuando el ambiente de convivencia es serio y un interlocutor se ríe, se experimenta incomodidad.

La expresión de la risa es por la contracción transitoria de varios músculos de la cara, principalmente de la comisura bucal a partir del cigomático mayor y los orbiculares de los párpados que cambian la comisura palpebral.

La risa es el resultado de una comunicación en serie y en paralelo de varias áreas cerebrales como el puente, el hipotálamo, el tálamo, el cuerpo estriado y el globo pálido, es decir, así se genera la atención, la repetición de movimientos y la secuencia cómica. Cuando nos reímos activamos un grupo de neuronas en el mesencéfalo y puente cerebral, conocido como centro coordinador de la risa. También cuando nos reímos, la sustancia gris periacueductal y la formación reticular activan el tálamo, los ganglios basales, los lóbulos temporal y frontal, lo cual convierte al proceso en un evento que busca encontrar lógica en lo ridículo y procura una sensación de bienestar. En paralelo, cuando el cerebro considera que tiene el control de la situación o se siente superior a lo que ríe, la sonrisa es con mayor énfasis. En el tallo cerebral también se activan los núcleos de los pares craneales que llevan a la activación de los músculos de la expresión facial (vocalización y expiración), es decir, la risa activa redes neuronales de arriba hacia abajo y de abajo hacia arriba de una manera dinámica, ninguna emoción produce el mismo efecto.

La risa activa el sistema de inhibición que principalmente se encuentra en la corteza motora, promotora, los pedúnculos cerebrales, la corteza prefrontal, el lóbulo temporal que tiene una relación de activación directa sobre la amígdala cerebral, el tálamo y los ganglios basales, es decir, la risa se autolimita y disminuye su explosión en la medida que la parte lógica del cerebro se activa y reduce la evocación del detonante humorístico, por eso un chiste contado varias veces deja de inducir humor. Por otra parte, el hipotálamo y el giro del cíngulo son una parte importante del éxito del sistema de excitación de la risa, ya que cambian la actividad neuronal por hormonas, algunas estimulan la atención y la memoria como la oxitocina, noradrenalina, y otras reducen las actividades relacionadas al estrés, como el cortisol. El cíngulo se encuentra en clara función para hacernos reír, interpreta varias veces la prosodia, las emociones y las risas de otras personas en nuestro entorno, no es lo mismo reír solo a cuando lo hacemos con un grupo de amigos, nuestro cerebro comparte más una risa cuando se sabe acompañado. El cerebelo otorga un paso inconsciente de lo que en el cerebro se está entendiendo y la emoción que el sistema límbico está generando, por lo que el cerebelo funciona como un modulador de la risa. La hilaridad promueve la atención, la flexibilidad cognitiva y una plasticidad neuronal en varias regiones cerebrales, además de la memoria de trabajo, la abstracción, la satisfacción y fomenta la autoestima.

Cuando la risa activa el lóbulo frontal derecho interpreta que hay una recompensa corta e inmediata, además involucra directamente a la disminución del dolor o el estrés. El lado derecho del cerebro regula con mayor énfasis el área tegmental ventral y el cuerpo estriado, importantes para la liberación de dopamina y noradrenalina íntimamente ligada con la amígdala cerebral y la ínsula. Por esto, la risa cambia el sufrimiento y su connotación emotiva.

Cuando la risa se da a partir de una contradicción o incongruencia se activan principalmente las regiones del lóbulo temporal, parietal y occipital del hemisferio cerebral izquierdo. Es un hecho que las personas cuya personalidad ers más extrovertida tienen mayor actividad de estos núcleos comparadas con el cerebro de las personas que son consideradas introvertidas. Hay un dimorfismo de actividad cerebral en la manera como ríen los hombres respecto a las mujeres, por ejemplo, las mujeres utilizan más el hemisferio izquierdo el cual está relacionado con el lenguaje y el entendimiento de las palabras mientras que los varones activan más el cerebro derecho, que está relacionado con actividades que analizan información visual, interpretación de espacio y suelen activar más el sistema mesolímbico de recompensa.

La gran mayoría de los humanos analizamos a la risa con un enfoque positivo, esperado y maravilloso. No obstante, la risa inadecuada no es bien recibida, llama la atención, tiene un lado B. Además, puede ser el dato de un problema anatómico o fisiológico del cerebro.

La risa puede ser patológica cuando se acompaña de llanto, cuando se presenta sin un estímulo específico, cuando su intensidad, timbre y duración son grandes, asociados a un estímulo desencadenante trivial, sin una valencia emocional, o cuando aparece sin un cambio afectivo. Algunas personas pueden reírse en condiciones en donde hay una disociación voluntaria emocional, es decir, reír en una tragedia, o carcajearse de una desgracia. Esto está relacionado a diversas patologías del sistema nervioso central, por ejemplo, cuando hay un infarto cerebral, específicamente en la arteria cerebral media izquierda, se cuantifica la aparición de risas asociadas a llantos. Reírse de manera incontrolable y sin motivo es un dato clínico que constituye la sintomatología de una isquemia cerebral, es decir, cuando el cerebro deja de recibir sangre y oxígeno, por un trombo o lesión arterial. En estas condiciones, algunas regiones del cerebro pierden su actividad inhibitoria y esto es el motivo por el cual se empiezan a activar núcleos en el tallo cerebral que generan la risa. Traumatismos cerebrales fuertes también dan lugar a procesos patológicos de risa involuntaria. Recientemente llama la atención el tema de las risas patológicas, en el marco de los cómics, "el Guasón", el villano de Batman, tiene las características clínicas de la manifestación de una epilepsia llamada Gelástica, su componente principal son ataques involuntarios de risa que suelen estar acompañados de una alteración en la atención selectiva, repetición de movimientos de las manos y marcha afectada asociada a trastornos autonómicos. Comúnmente la epilepsia Gelástica es la consecuencia de lesiones en el hipotálamo asociadas a algunos tumores en algunas regiones del cerebro como el lóbulo temporal. Se ha identificado que en la epilepsia Gelástica se presenta un incremento en la llegada de sangre al hipotálamo, este es el principal generador de la risa espontánea y por momentos desenfrenada. Algunos medicamentos que tratan la epilepsia, como el ácido valproico o el levetiracetam, tienen un efecto paradójico, pues generan la risa Gelástica. Hay evidencias de que la epilepsia Gelástica está relacionada con la serotonina, en especial cuando el primer marcador de los síntomas es la depresión.

El cerebro ríe por la activación de los núcleos neuronales que se encuentran en la corteza y el tallo cerebral, que modifican la expresión de la cara, la prosodia y la respiración. Reírnos tiene un impacto directo sobre la neuroquímica del cerebro y de manera indirecta favorece algunas hormonas que coadyuvan en el aprendizaje, la memoria y la adaptación al entorno social. La risa es un fuerte pegamento social. La risa humana es producto de esta especie y difícilmente puede compararse a la que tienen otros mamíferos. La incongruencia, lo chusco, lo sorpresivo que genera la risa e impacta en las emociones, todo esto se encuentra perfectamente regulado en nuestro cerebro. Una risa fuera de contexto se convierte en un tema serio.

COSQUILLAS NO SON FELICIDAD

Las emociones: las cosquillas se perciben por el cerebro como una emoción compleja, se producen en respuesta al tacto, de una manera concreta y objetiva nos hacen reír en la mayoría de las veces. La velocidad de ésta es de 120 metros por segundo, es decir, de las mayores velocidades en las que una neurona permite la información al cerebro. No podemos hacernos cosquillas a nosotros mismos. Las cosquillas emergen aproximadamente 300 ms después del inicio, la respuesta es directa en los músculos de la cara, medio segundo después sigue la vocalización. Según una persona esté dispuesta a sentir cosquillas, su respuesta será una risa más rápida, más alta y aguda.

El lado B: para algunas personas, las cosquillas pueden ser irritables, generadoras de dolor y detonantes de violencia. En estos casos, se asocian a abusos en la infancia, una inadecuada evaluación de su entorno o inadecuada retroalimentación social.

La vergüenza en el cerebro

"¿Ya ves? ¡Por eso nunca vas a lograr nada en la vida!" Decía con voz fuerte y amenazante don Roberto, papá de Ricardo, un jovencito de apenas 13 años, quien sufrió un empujón violento en su cuerpo y lo alejó del mostrador de la tienda "don Rober". La discusión de don Roberto empezó después de notar que su hijo había tenido un error en la suma de precios de la compra de la señora Lucía, que veía atónita la rabieta y violencia del papá de Ricardo y bajaba la mirada con pena ajena.

Ese era uno, tal vez el motivo más frecuente de los errores de Ricardo al estar cobrando la mercancía en el negocio de su padre. Otros motivos eran la recriminación del orden de la mercancía recién llegada, la limpieza del piso y por supuesto su forma de vestir, que para Ricardo era su sello, la camiseta de su equipo favorito y un pantalón desgastado de tanto uso. Casi siempre, a diario, todas las semanas, desde que tenía cinco años, recibía una crítica burlona de su padre en público, una humillación, un golpe en la cabeza, un empellón como "diálogo" o la solicitud de hacer otra cosa. Era común que la mirada de furia de don Roberto cambiaba en segundos al mirar a los clientes, él fingía una sonrisa y con benevolencia hacia los clientes realizaba las cuentas, pedía disculpas y remataba con invocaciones que herían a su hijo: "Perdónenme, este muchacho es un torpe, un imbécil". Los clientes solían hacer una mueca de sonrisa en contraparte, otros más referían que no tenía importancia y algunos llegaban a defender a Ricardo, pero eran acosados por don Roberto: "No, no, ¡no lo defienda! Este mocoso y su generación van a llevar a este país al barranco, son una juventud perdida". Así terminaba el regaño público: "¡Yo no sé qué tengo que hacer para que pongas más atención! ¡por hoy estás castigado! y me limpias y acomodas toda la tienda, ¿oíste? ¡tarado! ¡ya, dije ya!" Tan pronto dicho esto, los clientes solían salirse de la tienda, con pena ajena, con una vergüenza compartida. A veces los gritos eran tan fuertes, que se escuchaban a gran distancia de la tienda. Ricardo, cada vez que era reprendido de manera pública, se sentía triste, humillado, solo, era hijo único de un matrimonio cuyo padre era controlador, violento, egoísta y frío en su trato y de una madre cuya abnegación y silencio en ocasiones la hacía cómplice de los maltratos públicos a su hijo.

Tal parece que don Roberto estaba obsesionado por hacer un hijo perfecto, buscaba que no se equivocara, que fuera pulcro, educado y al mismo tiempo servicial y dócil. Ricardo era reprendido ante la gente, su familia, sus amigos, en todo momento. En el tiempo de la construcción de la personalidad de Ricardo el común denominador en su vida fue la violencia, la humillación y la culpa. Él siempre era culpable de todo lo malo o adverso del negocio, así lo decía su padre. Ricardo lo cree, lo vive, él mismo se recrimina por no ser como su papá, no entiende cómo ser adulto, además de cuestionarse si su propia existencia tiene sentido. Siente vergüenza de cómo se viste, de cómo a veces trata de expresar sus sentimientos, le teme a su padre, eso lo hace sentir y comprometerse a no equivocarse, es tanta su tensión, miedo y culpa, que lo llevan a equivocarse otra vez, empezando el ciclo de humillación, culpa, vergüenza. Tiene poco tiempo libre y su padre siempre le está cuestionando en qué lo invierte, diciéndole que debe estudiar y ser mejor persona, incluso mejor que él. Roberto está seguro de estar haciendo un hijo perfecto, en el fondo quiere a su hijo, pero siente que no es adecuado mostrárselo, por el contrario, convencido de que como padre debe ser rígido, fuerte y hacerle sentir el rigor de las reglas del negocio como un ejercicio para entender que la vida se gana trabajando. Doña Silvia, la mamá de Ricardo, cuando observa los regaños y escucha las humillaciones públicas prefiere no involucrarse en la discusión, por momentos toma a su hijo cuando Roberto se ha salido del negocio, ella le pide perdón a nombre de su padre y le dice que es por el bien de él. Silvia no sabe cómo tratar a su esposo, entiende que es extraordinariamente rígido y prefiere no generar más violencia. En el fondo son una familia. Silvia viene de una familia desintegrada, con padre ausente y madre alcohólica.

A estas alturas de la vida, Ricardo no sabe qué hacer cuando es reprendido, cree y sostiene que el problema está y se origina en él, siente un enorme sentimiento de culpa y vergüenza por no darle satisfacción a su padre, tal pareciera que siempre lo está haciendo enojar, nunca cumple sus expectativas. A partir de que amanece hasta que se mete el sol es una constante de sentirse agredido, humillado, vapuleado en esa tienda en donde ha sido el escenario de las peores ofensas que ha sentido. Desde el llanto, el temblor en sus piernas, el sudor en su frente, la boca seca, las ganas de gritar, que se lo trague la tierra y al mismo tiempo saber que debe quedarse callado porque la violencia del padre no tiene límites.

Las calificaciones de Ricardo en la escuela no son las más altas, pero se esfuerza por ser un buen estudiante. Le cuesta mucho trabajo poner atención en las clases de historia y matemáticas, en ocasiones el temor de que una calificación pueda ser suficiente para sacarlo de la escuela y dedicarse totalmente de tiempo completo a la tienda lo aterra. No entiende, por momentos, por qué si estudia no le va bien en los exámenes, aún no se da cuenta que la tensión inminente en su cerebro para realizar las ecuaciones y aprender de memoria, le juegan una paradoja en su aprendizaje: lo hacen dudar y no analizar los detalles de una ecuación o en las fechas que confunde. Si al menos se tranquilizara, si al menos no hubiera tanta violencia en su casa, en su vida, tal vez su vida como estudiante mejoraría, si al menos recibiera más cariño, no sería tan melancólico, si le expresaran confianza, podría decir lo mucho que quiere a su madre y admira a su padre. Si le dieran la oportunidad de equivocarse y enseñarle sin violencia, tal vez le harían tener una mejor autoestima y podría sentirse como sus compañeros, jugar con ellos y no sentirse segregado o diferente.

En muchas ocasiones solloza en su cama, antes de dormir se recrimina tantas veces por qué hace enojar a su padre o no lo puede mantener contento, espera que algún día su padre se sienta orgulloso de él, no como responsable de una tienda sino como un profesional por haber estudiado, aunque le cuesta mucho trabajo saber qué profesional quiere ser de adulto. Es tanta la culpa, es tanta su vergüenza.

Qué sucede en el cerebro

El cerebro humano es único como especie, ningún mamífero tiene la inteligencia de entender reglas de convivencia y manifestar el sentido de la justicia. El cerebro humano establece reglas de justicia, normas para generar un aprendizaje cultural. Cuando éstas se basan en generar culpa y vergüenza, se quedan aprendidas en nuestra corteza prefrontal e hipocampo, interpretadas por el giro del cíngulo y asociadas por la corteza parietal.

La vergüenza sin explicación es un proceso que lastima, produce dolor moral y puede generar trastornos de la personalidad, es una herida en la comprensión de uno mismo, es una sensación adversa y angustiante. Es la ruptura de una norma que nos vincula con otros seres humanos, sentirnos avergonzados es un atentado contra nuestra propia imagen que nos aleja de lo que es ideal. Nos expone al escrutinio de los demás y nos sentimos reprobados ante su opinión, es una molestia que nos hace desviar nuestra atención a los hechos, desplazándolos por importancia y en su gestación temporal.

Los principales generadores de vergüenza por su origen histórico son nuestros padres, después otros actores sociales como hermanos, familiares, maestros, amigos, etc. El origen biológico de esto involucra claramente una connotación de tristeza inmediata y de una autoevaluación que nos hace sentirnos pequeños tanto en la norma social como biológicamente. Experimentar vergüenza nos puede hacer sentir como cuando teníamos cinco años y nos regañaban con o sin razón, esto evidentemente por la actividad de neuronas de la corteza prefrontal en asociación con la actividad de la amígdala cerebral.

La vergüenza a los dos segundos de autopercibirse inicia una respuesta adrenérgica sobre la cual permite el incremento de tres factores en paralelo: la frecuencia cardíaca, la actividad respiratoria y el metabolismo basal (la temperatura aumenta por actividad del hipotálamo). Se tergiversan los procesos neuronales de atención, que paradójicamente son un filtro inadecuado de los hechos, ponemos atención a lo que consideramos más importante y los detalles de lo que está sucediendo alrededor eventualmente nos otorgan una versión sesgada de lo sucedido. A diferencia de un enojo, la vergüenza y la culpa nos hacen contemplarnos de manera negativa, responsables de eventos o hechos que se convierten en un arma aguda en contra de nosotros. El cerebro femenino suele avergonzarse más que el de los varones porque detectan con más eficiencia los detonantes negativos; los jóvenes más que los cerebros adultos, porque aún no tienen su corteza prefrontal y su cuerpo calloso finalizado en su conexión e integrado en su plasticidad neuronal. La dilatación de la pupila comienza en menos de un segundo de iniciado el evento vergonzoso, con un incremento de llegada de sangre a la cara generando rubicundez, al mismo tiempo que la actividad muscular, especialmente en las piernas y las manos se generan contracciones involuntarias, lo que comúnmente se conoce como nerviosismo. La resequedad de las mucosas evidencia la dificultad en el habla, el tragar saliva y boca reseca. La emoción común es sentirse mal, culparse de las circunstancias y hacer valoraciones de auto-destrucción que generan una lesión en la autoestima. Este juicio puede llevarnos a trastornos psicológicos que puedan afectar nuestra salud mental. Atrás de la culpa constante y de la vergüenza crónica se puede llegar fácilmente a la depresión. Los niveles de serotonina, un neurotransmisor importante en mantenernos despiertos, que permite en una correcta percepción del mundo y una adecuada actitud ante la vida, van disminuyendo. La vergüenza permanente puede generar trastornos de ansiedad que comúnmente son los antecedentes de personalidades retraídas, de agresión cons-tante o el inicio de una personalidad psicópata.

Las normas sociales nos otorgan una manera para funcio-nar en comunidad, buscamos ser correctos. En las primeras etapas de la vida creemos a pie juntillas lo que los adultos nos dicen o corrigen y eventualmente en la construcción de la personalidad cambiamos nuestros juicios. Esto cambia cuando la vergüenza mantiene el eje de la vida, solemos darle la razón a los demás, vivimos para hacer feliz a alguien o permitimo que otros manipulen nuestra opinión. La madurez de la corteza prefrontal otorga cambios significativos en la detección de culpas, pero al mismo tiempo establece una norma neurológica para protegernos más y adaptarnos mejor a los detonantes de vergüenza.

Las normas morales, religiosas, éticas y políticas construyen a través del aprendizaje elementos neuronales y de plasticidad para generar vergüenza, incrementarla y al mismo tiempo reducirla si se siguen sus lineamientos. Desde que somos infantes la reflexión de lo que hacemos mal es uno de los motores generadores de culpa y comúnmente está relacionado cuando obtenemos resultados negativos con nuestros actos.

La oxitocina es una de las hormonas que pueden ayudar a vincularnos mejor socialmente, esta hormona en el cerebro disminuye el proceso de vergüenza, es un antídoto biológico-químico. Sentirnos parte de un grupo social, tener empatía, sentirnos pertenecientes a una familia a través del vínculo de amor y pertenencia reducen significativamente la percepción negativa de la vergüenza. Ser empáticos nos permite comprender a los demás, ponernos en los zapatos del otro y ver mejor las circunstancias de un hecho con éxito, disminuye la ofensa, cambia el estrés y reduce de manera importante las consecuencias negativas. Cuando hay dos personas que discuten y una de ellas se siente culpable, es más fácil pedir perdón y por supuesto otorgarlo. La oxitocina disminuye fisiológicamente los niveles altos de la hormona cortisol (relacionada con el estrés, tensión y modulación inmunológica) y predispone a una disminución en la liberación de noradrenalina en el cerebro humano, por lo tanto, con oxitocina se disminuye la tensión social, relaja la incomodidad y nos ayuda a unirnos a los demás. Cerebros sin oxitocina están destinados a culpabilizar a los demás, a generar vergüenza, a no perdonar, a no aceptar errores. Desafortunadamente hay cerebros a los cuales desde la infancia no les otorgaron cariño, aceptación, empatía, y tienen como origen de la vergüenza un eje correctivo en su vida, por lo tanto, esa vergüenza dirige la atención hacia los argumentos internos que buscan hacer consciente una culpabilidad. Quienes tienen vergüenza observan con culpa las circunstancias que suceden en su cotidianidad.

Existen alternativas para disminuir la vergüenza, como solicitar una disculpa o un perdón, pagar por una sanción o incluso exponerse públicamente para privarnos de algunos privilegios. La religión ha ayudado de una manera u otra para liberar culpabilidades, pero también para incrementarlas, a través de la confesión, las limosnas, los peregrinajes o las exposiciones públicas. Si la vergüenza no se trabaja adecuadamente a través de un proceso de terapia psicológica profesional, sus consecuencias son capaces de acompañarnos durante mucho tiempo, incluso durante toda la vida.

Los personajes que nos hicieron sentir vergüenza en algún momento de nuestra vida, incluyendo a aquellos que ya no están presentes, porque se fueron o murieron, pero que nunca nos pidieron disculpas, ni aceptaron su responsabilidad o la culpa, nos otorgaron la herencia de una vergüenza sin argumentos en nuestro cerebro y nos dejan una tarea en el entendimiento del lado B de nuestras emociones: empecemos por la liberación de oxitocina a partir de nosotros, iniciemos por pedir perdón al reflejo del espejo, mirando el rostro, uno por haber aceptado tales ofensas, ser consciente de ellas, perdonar a quien deba serlo, sin lugar a dudas esto es el inicio del cambio de la sensación de vergüenza y de culpa, el cual puede ser transformado gradualmente al tranquilizarnos, entendernos y comprendernos mejor, primero a nosotros y eventualmente a nuestros acometedores o generadores de culpa.

La vergüenza puede ayudar a delimitar conductas, a evitarlas. Bien llevada y aceptada es un factor social que puede ayudar. El problema es que esta sociedad abusa de ella y se ha convertido en un eslabón que somete y atrapa a muchos, para sufrir por sus excesos por mucho tiempo. La gran mayoría de nosotros llevamos y cumplimos culpas y vergüenzas que nos han limitado, han impedido tomar decisiones o nos han hecho callar sin haberlo pensado, por eso deberíamos ser más justos con esto. Más oxitocina y menos cortisol vendrían bien a nuestra existencia. Quien es capaz de perdonarse, ser amable consigo y ser comprensivo, tiene menos dolor moral por vergüenza.

EQUILIBRIO PARA LAS EMOCIONES

La conducta: reír, admirar, experimentar asombro, sentirse satisfecho, gozar, agradecer, sentir alivio, entusiasmarse, tienen un común denominador en las respuestas fisiológicas del sistema inmunológico. Cuando más se es feliz y satisfecho, la concentración de la interleucina 6 (IL-6) disminuye. Esta reducción de Il-6 está relacionada con una vida saludable asociada a menor percepción de estrés. Esta interleucina también está directamente relacionada con el incremento de los procesos inflamatorios y generadores de cambios en la interacción entre el sistema inmunológico y respuestas autoinmunes.

El lado B: tener un equilibrio emocional ayuda a regular los propios sentimientos favoreciendo una mejor convivencia social además de propiciar mejoras en la salud y la percepción de bienestar. Equilibradas nuestras emociones, elegimos actuar mejor, influimos positivamente, ponemos más atención en los errores y los interpretamos de manera más eficiente. Si sabemos de la auto-limitación de la emoción, somos más conscientes en las intervenciones de aspectos negativos, tranquilizándonos ante el enojo o la tristeza y al mismo tiempo, de manera gradual, el cerebro sabe cómo distraerse mejor. ¿Cómo se logra el equilibrio? Cuando se tienen hábitos y rutinas asociadas a actividad física. Hacer tareas placenteras desde escuchar música, distraerse. Sentirse parte de una familia y un grupo social. Pero sobre todo las conductas asociadas a la gratitud son contundentes para tener este equilibrio. Cuando somos conscientes y reconocemos que con frecuencia nos suceden cosas hermosas en la vida, generamos satisfacción. Finalmente, vivir nuestras experiencias en un margen saludable de autoexigencia y límites sociales adecuados, es estar en equilibrio.

Procrastinar: el arte maravilloso de postergar

Rafael desde hace cuatro años le viene diciendo a su familia que el próximo mes va a empezar a ahorrar, ahora sí ha meditado y entendido la necesidad de tener su dinero en el banco. No importa cuando diga esto, el siguiente mes promete otra vez el inicio de su ahorro, pero esto nunca sucede.

Daniel lleva más de 10 meses organizando en su casa la gran fiesta del reencuentro con sus mejores amigos, por alguna razón, sucede algo importante muy cercano a la fecha del evento que lo hace postergar. Lleva aplazando ya nueve veces la gran reunión.

Virginia pone la alarma de su teléfono celular para despertarse por la mañana, cuando suena en la madrugada, decide seguir acostada "¡10 minutitos más, por favor!" a veces son 20 minutos, en otras ocasiones una hora. Es común que Virginia llegue tarde al trabajo.

Sebastián tiene un trabajo de oficina acumulado de tres semanas, al ir a la cafetería de la empresa se encuentra a sus amigos y aun sabiendo el compromiso que tiene para finalizar la tarea comprometida, decide quedarse a platicar con ellos después de comer: "Más vale disfrutar la amistad, el trabajo puede esperar, hay más tiempo que vida", se dice..

Pablo viene diciendo que empezará a hacer ejercicio en el gimnasio desde hace cuatro meses. Se lo planteó como objetivo de inicio de año, ya pagó la membresía correspondiente, se compró ropa especial, toallas, una maleta diseñada para ejercicio y los accesorios necesarios. Todo sigue guardado, aunque por momentos tiene la intención de ir, se siente triste y desganado. No sabe cuándo tendrá ánimos de verdad para ir por primera vez.

Ricardo entiende que ha llegado el momento de hacer los deberes del día, asearse y apagar el televisor. Pero no puede, sigue jugando videojuegos y cada vez que se promete terminar la fase del juego, la emoción de ir ganando le hace jugar hasta seis horas al día en su consola.

Adrián por fin decidió declararle su amor a Farah, sin embargo, el día que salen a caminar él se desespera e inventa varios puntos de conversación diferentes al objetivo inicial.

No puede, no soporta no decirlo, pero su temor lo atrapa y decide hacerlo en una mejor oportunidad.

Josefina se comprometió con varios miembros de la oficina a compartir la información para el informe anual de la empresa, antes de iniciar el trabajo en línea, se queda leyendo y contestando su correo electrónico, por momentos lee las redes sociales y alterna con la visita a sitios de videos en su celular, sin darse cuenta ha perdido más de tres horas en la distracción con su teléfono.

Marcos se da cuenta que la fecha para renovar la credencial que lo identifica y utiliza constantemente está a punto de vencer, cada vez que decide ir a renovarla se engancha con cualquier evento familiar, social o distractor, piensa que hacer una larga fila le hará perder mucho tiempo, la próxima semana será la definitiva, pero vuelve a postergarlo.

César tomó la decisión, por fin, de ir al médico para consultarle el tratamiento del dolor crónico de espalda que le aqueja, el mismo que lo viene atormentando desde hace más de quince meses. Hoy decide nuevamente aplazar la cita con el ortopedista argumentando que no tiene dinero. Hace un mes dijo que no tenía tiempo y hace tres meses comentó que ya no le dolía tanto.

Por fin llegó el día en el que Josefina decidió empezar a escribir su tesis, la cual es el último requisito para obtener su título universitario. Hoy se levantó temprano, pero empezó a limpiar el cuarto, luego los cristales de la casa, después se puso a cocinar, llevó su ropa a la lavandería y regresó cuatro horas después. Por fin, sentada frente al monitor de la computadora, se queda viendo la pantalla, no fluyen las ideas: "Me siento tan cansada, frustrada, mañana empezaré temprano, por hoy no tengo ideas para escribir".

Edgar es un deportista de alto rendimiento, se lesionó hace tres semanas, aunque ha mejorado su condición, refiere tener miedo a no desarrollar la velocidad que antes tenía, él se da cuenta que voluntariamente está alargando el proceso de su recuperación, se quiere sentir seguro para volver a la cancha.

Gustavo lleva más de dos años discutiendo con sus padres, terminó la licenciatura, la maestría y el doctorado, en cada momento de la obtención de un título prometió buscar su vida independiente y tener un departamento de soltero. Sin embargo, él posterga la decisión y rechaza ofertas de inmobiliarias, en el fondo no quiere irse de casa y defiende esta idea diciendo que no los quiere dejar solos.

Isaac es un adicto al trabajo, es el primero en llegar y el último en irse de la oficina, siempre está apoyando a sus compañeros, limpia varias veces su lugar y entrega todos los trabajos en tiempo y forma. Ha pensado en tomar vacaciones, sin embargo, en los pasados siete años ha postergado la decisión asumiendo que es más importante el trabajo que su descanso.

Procrastinar y el cerebro

Procrastinar es una palabra latina con amplia utilidad en el idioma inglés, viene del latín *procastinare*: pro, adelante; y del vocablo *crastinus*: que da significado a lo relacionado con el mañana. Se utiliza cuando se posterga o se difiere el inicio de un evento, tarea o compromiso.

Comúnmente se le conoce al procrastinador como un distraído, desorganizado o persona con baja autoestima. Esto no es correcto ya que una persona puede ser meticulosa, analista, trabajadora, responsable, que atiende a los detalles, comúnmente pretende mejorar y por el hecho de no querer fallar o ser impecables, suelen procrastinar. El hecho de ganarle a una postergación, por lo general, permite una sensación de control sobre la vida, incrementando así la confianza.

No es un simple aplazamiento, es una decisión que por momentos llega ser racional y firme sobre el hecho de retrasar una solución. Quien procrastina comúnmente tiene miedo a realizar una tarea que consuma su tiempo y energía para realizar el compromiso. La posibilidad de finalizar una tarea que queremos postergar es proporcional al valor y al éxito de finalizarla, pero a su vez es inversamente proporcional a la sensación de urgencia y a los valores personales que se tienen. Procrastinar depende mucho de valores personales y decisiones subjetivas más que de elementos reales.

La procrastinación tiene antecedentes familiares, comúnmente derivados de aprendizajes tanto psicológicos como de patrones sociales, pero también perpetuados por cambios biológicos, ya que en algunas regiones del cerebro se pueden identificar modificaciones neuronales en la amígdala cerebral, hipocampo y corteza prefrontal que la prolongan, la inician y la mantienen.

El cerebro se da cuenta cuando procrastina, somos conscientes de estar evadiendo la actividad en cuestión de segundos, además de que posponer es probablemente una mala idea, aun en esa situación, el cerebro lo sigue haciendo y perpetuando y enganchándose en ciclos viciosos que pasan al campo de lo irracional para llegar a ser crónicos, esto va llevando gradualmente a una incapacidad para manejar los estados negativos generados: preocupación, ansiedad, estrés. La procrastinación no es un defecto de carácter, tampoco es un trastorno de la personalidad. La habilidad para administrar el tiempo no es adecuada, mucho más cuando se enfrentan a situaciones desafiantes en donde los estados de ánimo pueden pasar a la inseguridad, ansiedad, frustración o resentimiento.

El individuo en situaciones de posponer el inicio de una actividad va sintiéndose peor cada vez que pasa el tiempo. Generan un sesgo en donde nuestras decisiones dan prioridad a las necesidades de corto plazo en lugar de los compromisos y las situaciones que representan más atención y que involucran largo tiempo de atención y actividad. El cerebro gradualmente entre más pospone el inicio de una actividad disminuye la sensación de que es un problema propio, en contraste, piensa que los culpables son personas ajenas a nosotros o busca atribuirles a otros la carga moral de nuestras decisiones. Comúnmente cuando hay una obligación es más fácil dilatar la solución o el inicio del trabajo porque las obligaciones generan tensión. Cuando la persona es extraordinariamente centrada y detallista puede también llegar a tomar la decisión de que si no se hace correctamente como ella quiere, entonces no se hace. Pensando que se necesita mucho esfuerzo sobre algo que no vale la pena empezar y que su conclusión no es clara. Si no hay motivación, la renuncia llega más fácil.

Es un hecho que las personas altamente emotivas, inseguras y con miedos aprendidos no favorecen iniciar nuevos proyectos y si lo hacen claudican en cualquier momento ante situaciones que no pueden manejar o sienten que los desbordan, los hacen sentir ansiosos e inseguros. No es un problema de gestión de tiempo, es en realidad una inadecuada regulación de emociones. La persona puede hilar en poco tiempo motivación, miedo, ansiedad, inseguridad, culpabilidad, estrés y disminución de su autoestima. Se autogestionan pensamientos e ideas rumiantes, tan repetitivos que asoman a la vergüenza, las cuales son cogniciones que manejan al individuo para exasperar el miedo y la tensión provocando más procrastinación, de nuevo llevándolo a suspender la tarea para tratar de "tener tiempo" iniciando el ciclo vicioso. Esto puede tener un costo psicológico en lo productivo y en la salud mental ya que atrás hay hábitos deficientes, estrés crónico, presión psicológica, baja satisfacción ante la vida que puede llevar a cambiar el metabolismo o generar un incremento en la actividad cardiovascular, así como la aparición de enfermedades como la diabetes y la hipertensión arterial.

Cuando una tarea, actividad o compromiso de inicio nos genera inseguridad y ansiedad, la amígdala cerebral percibe a esa actividad como una amenaza directa a nuestro bienestar; en estas condiciones, las neuronas de la amígdala cerebral fomentan suspender la tarea para evitar un estrés en un futuro, en otras palabras, la emoción que origina el cerebro está detrás de la decisión de no hacer algo para evitar problemas pero, paradójicamente, genera preocupación futura y malestar. Esto es más intenso en situaciones poco placenteras, aburridas o que se perciben con sentimientos desagradables.

La procrastinación se refleja en el cerebro: se ha identificado que la amígdala cerebral es más voluminosa en las personas que retrasan el inicio de sus tareas, es entonces la amígdala cerebral la que se resiste para empezar la actividad un día, semanas o meses. La amígdala cerebral desempeña una función fundamental en la valoración emocional de situaciones y al mismo tiempo detecta efectos negativos que pueden tener nuestras acciones. Al tener una amígala cerebral más grande, los cerebros se muestran más temerosos ante las consecuencias de actos, por lo que retrasa el inicio de las tareas. Asimismo, la región del cerebro denominada giro del cíngulo anterior, se desconecta de la amígdala cerebral por lo que evalúa erróneamente muchos de los actos sociales e intensifica más el efecto de la procrastinación. La corteza parahipocampal, el hipocampo y la corteza prefrontal también cambian su organización, su conectividad, el objetivo y análisis de las consecuencias: los recuerdos, la toma de decisiones, los pensamientos proyectivos futuros episódicos o la regulación de la memoria y las emociones a corto plazo.

Se estima que entre el 15 y 20% de la población mundial procrastina todos los días y esto es una de las relaciones significativas de una disminución en el rendimiento, la satisfacción, la calidad de vida y la generación de autoestima. La impulsividad y la disminución del control ejecutivo es lo que va a caracterizando una menor capacidad en el autocontrol ante situaciones exigentes.

Sin ser sinónimos diferir y postergar, son el común denominador de la procrastinación, hoy nos queda claro que posponer es una decisión firme y objetiva de nuestras neuronas, aplazar una solución o el inicio de una tarea, lleva en el fondo el temor de realizar esa tarea. El deseo de terminar una tarea siempre debe estar acompañado de una adecuada expectativa de éxito, de esperar que el valor que se le da a la finalización de la tarea sea alto, acompañado por el dominio al terminarla. La urgencia por terminar será uno de los principales factores adversos que acompañan a sentirnos derrotados en la decisión de postergación. El cerebro siempre quiere sentir control sobre nuestra vida, es la base psicológica de la sensación de confianza y certidumbre ante las cosas.

Uno de los mejores antídotos en contra de la procrastinación es saber gestionar las emociones, administrar adecuadamente el tiempo, tener el control del espacio y no sentirse amenazado. Una recompensa inmediata motiva a nuestras neuronas en el transcurso de las actividades, es muy importante reducir las distracciones, por ejemplo, estímulos pareados como el ruido, la música o la sensación de hambre. Una meta a corto plazo ayuda a hacer concretos los objetivos logrados. Lo que no se valúa se devalúa, por lo que es muy importante tener autocrítica.

LA PERFECCIÓN

Las emociones: ser perfectos en el trabajo y en la vida profesional es una de las obsesiones del mundo occidental, la mayoría aspira tener resultados brillantes, sentirse ganadores y por supuesto poseedores de la verdad absoluta. Este tipo de personas tienen con mucha probabilidad algún trastorno de la personalidad o suelen padecer depresión, síndrome de Burnout, o la probabilidad de iniciar alguna adicción, etc. Los perfeccionistas se sienten más agotados, irritables y desgastados. Esta lucha por la perfección desgasta y genera miedo al fracaso y dudas frecuentes sobre sí mismo en su rendimiento. El mejor antídoto para el perfeccionismo es la compensación adecuada, el descanso y la práctica de terapia psicológica profesional.

El lado B: no debería ser incorrecto tener el afán de la perfección, pero desafortunadamente atrás hay un 70% de carreras profesionales insatisfechas. El perfeccionista comúnmente es una persona con rumiación intelectual, lo cual lo lleva a un desgaste psicológico y físico en la búsqueda de reinventarse constantemente a cada logro que obtiene y maltratarse ante los errores. Sus éxitos están cimentados sobre sus miedos, las dudas lo hacen reinterpretar constantemente su aprendizaje. Un perfeccionista tiene pensamientos perjudiciales con frecuencia hacia sí mismo y sus más íntimos colaboradores o personas de su familia; fomenta el odio hacia sí mismo cuando no son los mejores. Valora su vida profesional en la opinión de los demás, es intolerante al fracaso, un error es capaz de hacerlo regresar al origen de su trabajo, tienen una dificultad para delegar responsabilidades y puede llegar al final de una tarea en una sola jornada de trabajo la cual puede ser muy desgastante.

Emociones encontradas

La alegría nos enseña a compartir

María estaba feliz, su sonrisa la delataba, sus ojos chispeantes, su voz afable. Era un domingo especial, llegarían a su casa todos sus hijos para festejar su cumpleaños. Era un hecho inusitado, aunque bien planeado, lo había estado preparando en los últimos cuatro meses, si bien era su aniversario 78, María quería darle su atención, su cariño, su tiempo y su casa a cada uno de sus hijos, la preparación meticulosa de la comida, de los postres, de los detalles de la mantelería, de la música, todo lo había estructurado para agasajar a sus dos hijos varones y a su hija la menor. Llegaron las tres familias, los nietos, el yerno y las nueras. De principio un tanto fría, gradualmente fue haciéndose cada vez más cálida la reunión. La comida fue espectacular, deliciosa, con los olores de recuerdos, los sabores inigualables, la petición de la receta y, sobre todo, el repetir varias veces el platillo, era la sazón de María un regalo de la vida en esa mesa.

Llegaron las anécdotas, el álbum fotográfico, las bromas, el baile que tanto le gustaba a María y por supuesto de la mano de sus seis nietos, regalos que iban desde ropa, chocolates, aretes, libros, adornos para la casa, etc. María lloraba de felicidad, como pocas veces. Su sentimiento no era tanto por los regalos materiales, sino por haber reunido a sus hijos, disfrutarlos como cuando eran niños, pero ahora de adultos, verlos realizados y satisfechos. Estaba segura de haberlos hecho buenos padres, independientes, responsables. Ya entrada la noche cada uno de ellos se despidió, salieron de la casa y al levantar la mano y moverla decían adiós a la abuela, a la madre, a la confidente, pero sobre todo al extraordinario ser humano que tanto amaban.

El miedo nos ayuda a defendernos

Dos semanas después, María sintió un dolor muy fuerte, opresivo, en el lado izquierdo de su pecho, como una aguja profunda y punzante, acompañado de mareo, dificultad para respirar, aparición de luces tintineantes y una sensación de temor; eso nunca lo había sentido antes, tenía un presentimiento catastrófico. Buscó recargarse de un mueble, pero no lo alcanzó, cayó al piso, sus fuerzas se estaban yendo. El mareo era cada vez mayor, el temor que sentía la hizo luchar, aferrarse a la vida, su miedo era no volver a ver sus nietos y a sus hijos, quería luchar más, ese recuerdo le daba fuerzas, alcanzó a gritarle a una vecina en el portal de su casa. En menos de cinco minutos, sus vecinos estaban haciendo llamadas, solicitando la presencia de un médico. Una ambulancia llegó, pero los paramédicos no pudieron hacer nada, la muerte de María fue registrada a las 11:20 horas, la causa que se asentó en el certificado fue infarto al miocardio. La casa de María era pequeña, limpia, arreglada, en una mesa estaban las fotos de tres familias, todos ellos sonrientes, testigos mudos de tantas emociones y experiencias con María. Ahora le tocaba a ella a despedirse, partir de ese sitio donde fue tan feliz en otros días, no muy lejanos a esa hora funesta.

La tristeza nos permite reflexionar

En la noche de ese lunes, los hijos de María lloraban enojados, cabizbajos, sin lograr entender la muerte de su madre. Contemplaban el ataúd, sentían la frialdad de la sala de la capilla, en medio de flores y personas que los acompañaban; nadie lograba quitarles su tristeza. Se volvieron los tres hermanos a reunir, pero ahora el motivo fue distinto, una profunda desolación, una pena sin comparación, acompañada de melancolía, de lágrimas y un espantoso dolor moral. Cada lágrima de sus hijos contenía el sufrimiento por el recuerdo de su madre, eran conscientes de que no la volverían a ver. Después de llorar se tranquilizaban un poco, entre ellos platicaban el recuerdo más reciente junto a María, tan sólo habían pasado dos meses de ese momento de tanta felicidad.

La foto de María en la que aparece con una sonrisa y sus ojos chispeantes, tomada el día de su último cumpleaños, ahora está en tres casas distintas, cada uno de sus hijos valora lo que su madre les enseñó, pero sobre todo la manera tan importante que tenía de compartir la mesa, las anécdotas, la solución de problemas y la voz cálida. María seguirá presente en la vida de sus tres hijos y sus nietos hasta el último segundo de la vida de cada uno de ellos.

¿Qué sucede en el cerebro?

La alegría es una de las emociones básicas que el cerebro humano busca más. Es adictiva y al mismo tiempo favorece los procesos cognitivos relacionados con la satisfacción, el bienestar y el buen humor. El sentirnos parte de una familia, de una comunidad, de un equipo o de un grupo social además de facilitar la expresión de afecto es uno de los coadyuvantes para la adhesión social, es la base neuronal para la percepción de una alegría intensa. El sentirnos felices permite un estado conductual estable. A diferencia de otras emociones, la felicidad se puede manifestar de diversas formas, no es solamente alegría, comparte más, escucha por más tiempo, habla más, abraza mejor y perdona con mayor frecuencia. Las personas felices liberan más oxitocina en su cerebro, la hormona del amor. Suelen encontrar con elementos muy pequeños o básicos el motivo de su felicidad en la cotidianidad, aunque su realidad sea adversa. La esperanza de un mejor mundo se siente o se manifiesta cuando estamos acompañados. Las felicidades, por su naturaleza neurobiológica son cortas, esto debido a que el neurotransmisor relacionado con ellas, la dopamina, tiene una vida media menor a seis segundos, además es un neurotransmisor que puede inducir cambios negativos en ciertas áreas neuronales; la alegría o la felicidad están condenadas a ser cortas y rápidamente decodificadas. De esta manera cuando la fuente o el origen de una felicidad ha sido pospuesta, se ha trabajado por mucho tiempo y las expectativas son altas, se ha tenido la esperanza de un resultado agradable o incluso se pensó que nunca se lograría, pero finalmente se alcanza, la liberación de dopamina es mayor y sentimos más alegría y felicidad. En paralelo, generamos más atención, memoria y aprendizaje en el momento en que se percibe una gran alegría.

Las personas que dicen ser más felices son las que más aprecian los sentimientos de las personas que los rodean, incluyendo emociones como el enojo o la tristeza. Si bien puede haber matices de diversas emociones, el cerebro cuando comparte la alegría potencia las sonrisas, aumenta la atención y favorece los procesos cognitivos. A nivel cerebral dos regiones neuronales son fundamentales para generar la sensación de felicidad, las cuales son el área tegmental ventral y el núcleo accumbens, ambos son liberadores de dopamina a corto y mediano plazo. En la medida que se libera más dopamina, la corteza prefrontal, el sitio neuronal inteligente de nuestra vida, allí donde se asientan anatómicamente la culpa, la vergüenza y las funciones cerebrales superiores, va disminuyendo su función. De esta manera, la felicidad reduce nuestras decisiones inteligentes, favorece nuestros sesgos, nos dejamos engañar con mayor facilidad, disminuyen los filtros sociales. La dopamina es un interruptor fisiológico que lleva el vaivén de la vida: a mayor percepción de felicidad menos lógico e inteligente se comporta el cerebro. Este mismo sistema es el que utilizan algunas drogas para generar la adicción. La dopamina genera que las neuronas se activen en frecuencias de sincronía repetitiva entre el área tegmental ventral, amígdala cerebral, núcleo accumbens, giro del cíngulo y neuronas de la corteza prefrontal, estas áreas cerebrales se activan en ritmos sincronizados, los cuales se perciben como felicidad y plenitud, acortando la actividad prefrontal, pero favoreciendo las emociones.

Después de la liberación de la dopamina, el cerebro libera otro neuroquímico importante de la sensación de felicidad: un opioide endógeno denominado beta-endorfina, éste interviene incrementando la sensación de plenitud y en paralelo contribuye a una disminución en la percepción de experiencias traumáticas, adversas o dolorosas. Es decir, cuando más felices somos, ponemos menos atención a los detalles del origen de nuestras adversidades.

La gran mayoría de los seres humanos cuando abrazamos a las personas que queremos o que no hemos visto por mucho tiempo, de quienes extrañamos su presencia y un día los estrechamos en nuestros brazos, generamos inmediatamente la liberación de dopamina, el discernimiento de felicidad hace que el entorno se perciba libre, asistido, seguro e igualitario. La familia, los amigos, la pareja son los constructores de muchos momentos inolvidables en la vida.

El cerebro humano cuando entiende, aprende, acepta un reto y lo vence, otorga una percepción de mayor bienestar. Esto contribuye al incremento de la autoestima y la confianza en uno mismo, lo que a su vez coadyuva a una gran liberación de dopamina en la convivencia social cotidiana, la felicidad contribuye a la felicidad. María estaba en paz con la gran mayoría de los hechos de su vida, su plenitud le otorgaba la paz, sus hijos y nietos le daban el motor de alegría cotidiana, aun a distancia.

Miedo y temor no son lo mismo

El miedo ayuda, no siempre es adverso. El temor y el miedo son imprescindibles para que el cerebro busque sobrevivir, pero esto puede llevar a situaciones extremas que pueden poner en peligro nuestra vida.

El miedo lo compartimos con muchos mamíferos, un miedo en condiciones de una adecuada salud mental es una protección, el miedo es una señal de alarma que se lleva a cabo en varias regiones del cerebro, pero en especial en la amígdala cerebral. Cuando detectamos estados de alarma, la adrenalina y noradrenalina son responsables de que nuestra respiración se incremente, aparezca el sudor en todo nuestro cuerpo, se presenten temblores musculares lo que hace mover involuntariamente los pies o las manos, se nos reseca la boca ya que la sangre se secuestra a nivel vascular e impide la formación de saliva, sentimos desesperación por la actividad límbica, la pupila se dilata para que entre más luz al ojo y nuestro corazón incrementa su actividad para bombear más sangre a todo el cuerpo, pero en especial al cerebro.

El miedo es una emoción básica ante una sensación de agresión tanto externa como interna que nos invita a evitarlo, a luchar o a huir ante tal situación. Sin excepción, todos tenemos miedo a morir, en menor proporción tememos al abandono, al desamor, a la vergüenza y a la soledad. Sin embargo, el lado B de nuestros miedos es el que está atrás de la determinación de posponer decisiones, de evitar algo nuevo, el miedo disminuye las risas, el miedo a veces evita la aparición del llanto, reduce la iniciativa, la creatividad y genera la percepción de que un futuro mejor se desploma.

Percibir que estamos en situaciones de riesgo incrementa la actividad de varios núcleos cerebrales como el tálamo y la amígdala cerebral, generando cambios en la información sensorial, modificando inmediatamente nuestra conducta, así como la actividad motora; el dinamismo de la corteza cerebral se enfoca directamente en tratar de salir del problema o ponerse a salvo de la circunstancia. Núcleos neuronales en el tallo cerebral se sobreactivan, lo que modifica la percepción de nuestra realidad. De manera inmediata, el hipocampo, la amígdala cerebral y el hipotálamo regulan los cambios hormonales asociados a la exposición de la situación de peligro: en el cerebro y en la sangre se incrementa la adrenalina, noradrenalina, cortisol, vasopresina y glucagón, mismos que generan que los pulmones, el corazón y los músculos además de los riñones modifiquen su función.

Si las condiciones detonantes no son corregidas o el miedo sigue siendo mayor, el cerebro entra en un estado en el cual varias regiones que comúnmente no deberían ser activadas generan respuestas críticas en áreas como los ganglios basales, el cerebelo, la ínsula y la región occipital del cerebro.

El miedo nos puede hacer colapsar, a nivel neuronal puede ser suficiente para cambiar totalmente la percepción de lo que sucede a nuestro alrededor, a nivel cardiovascular la presión arterial aumenta y desde la actividad pulmonar la oxigenación puede disminuir por lo que la actividad neuronal aún se compromete más en estados de hipoxia o con una consecuente ausencia de oxígeno. El miedo es una respuesta ante un detonante difuso, no referido a una situación o un objeto concreto, el miedo no se orienta específicamente, por lo tanto, cuesta mucho trabajo ubicarlo, manejarlo e identificar la causa en concreto que lo provoca. El miedo incrementa la sensibilidad de los sentidos, al mismo tiempo amplía la percepción del dolor.

En contraste, el temor es específico, es objetivo y es muy fácil ubicar a qué situación se encuentra asociado o quien lo detona. Podemos huir u ocultarnos de lo que nos genera temor, o generar una respuesta ante lo concreto y perceptible. De esta manera, controlar el temor sí puede modificar la percepción del dolor, por lo anterior, el temor es una contestación concreta a nuestro mundo exterior, en tanto que, el miedo es una respuesta a estímulos que no entendemos principalmente de nuestro interior.

Felicidad y tristeza no son tan opuestos

Los hechos de mayor felicidad que han marcado la vida de un ser humano son imborrables, porque activaron las redes neuronales de la memoria. Este es uno de los principales contrastes en la vida; el cerebro humano es el único que sabe que un día va a morir, entiende lo irreversible de la muerte. Al enfrentarse a este hecho, los recuerdos más felices de la vida se contrastan con el dolor moral del momento, este hecho libera más endorfinas en el cerebro. Separarnos, confrontarnos a la muerte de un ser querido y llorarlo es un acto humano que enseña y otorga conexiones neuronales en el hipocampo que van a convertirse en un aprendizaje muy especial. La tristeza nos hace poner atención objetiva en detalles; al contrastar felicidad con tristeza y mezclarlas, genera los momentos de la vida más emotivos y al mismo tiempo persistentes capaces de modificar una serie de eventos previos. Al morir, la persona es evaluada con los mejores rasgos de su vida, no por sus errores. En un margen de adecuada salud mental, los muertos de nuestra familia saldan sus deudas morales, conductuales o sus fallas, somos benévolos con ellos en la medida de la oxitocina, dopamina y endorfina que las lágrimas expresan. Aquellos que se van de este mundo y dejan una estela de enojo, generan la confrontación de emociones y sentimientos entre su vida y la objetividad de su muerte, dejando un conflicto que en realidad no es del muerto, es de quien lo juzga.

Llorar disminuye sensaciones adversas, es un código de solicitud de empatía, nos hace gastar energía al mismo tiempo que nos tranquiliza. Llorar por la misma causa entre familiares, incrementa el apego y la sensación de pertenencia, favorece el perdón. Llorar entre los que más nos quieren, es uno de los actos más liberadores y emotivos de nuestra vida. Aun en estados de tristeza profunda, el recuerdo de alguien nos puede generar paz; la felicidad puede aflorar en medio del dolor, pues tenemos el cerebro para hacerlo.

EL AMOR NO DUELE, PERO LA SEPARACIÓN ACTIVA ZONAS DE DOLOR

Las emociones: el enamoramiento intenso, el que se vive en los primeros 3 años de relación, cuando es más emotiva en la expresión del amor, si se asocia a vivir en edades menores a los 25 años, suelen indicar relaciones intensas, de gran apego y por momentos acompañadas de decisiones intempestivas. El enamoramiento no duele, no hay manera de medirlo ni de identificarlo. Es la expectativa grande que se tiene de la pareja, los niveles elevados de la dualidad dopamina-oxitocina con una pobre regulación de la corteza prefrontal. La poca comunicación de la pareja, la débil construcción de lazos y apegos, los conflictos aprendidos aunado a una inmadurez social e intelectual, sumados todos o cada uno por sí solo van llevando a pensar que la relación no funciona o es dolorosa, esto es lo que le da sustento a pensar que generar dolor en una relación hace que esta valga la pena, a través de la superación de esos dolores morales se convierten en virtuosos y amorosos. El verdadero amor no duele, no debe hacerlo.

El lado B: ante una ruptura, una separación inesperada, no se rompe el corazón, se activan las neuronas de zonas cerebrales que identifican y procesan de manera cognitiva el aprendizaje del dolor. Son dos regiones, en especial las que se activan cuando el enamoramiento es intenso, el giro del cíngulo y la ínsula. Paradójicamente, la persona que más nos hace felices, tiene el permiso neuronal para hacernos sufrir, ya que activa de manera selectiva las regiones cerebrales que procesan el dolor.

El alcohol y el lado B
de las emociones

María y Raúl apenas se conocían, ella tenía cuatro meses en la empresa, trabajaba en el departamento de recursos humanos. La empresa celebraba 20 años en el mercado y estaba festejando con sus empleados el aniversario de una feliz presencia económica en el país. Era una cena emotiva, esperada por todos los empleados como cada año. Esa noche, Raúl cumplía apenas cuatro semanas de haber entrado al departamento de ventas.

Era circunstancial que coincidieran en la misma mesa de esa celebración ya que no trabajaban en el mismo departamento, ni en el mismo piso del edificio, ni tenían el mismo horario, apenas se habían visto en un par de ocasiones. La fiesta apenas comenzaba, sin embargo, en aquel gran restaurante desde temprana hora se empezaron a servir bebidas alcohólicas. La música amenizaba el ambiente, los primeros brindis se sirvieron a partir de las siete de la tarde, gradualmente la gente iba llegando, todo se transformó en una fiesta de luz, alegría, comida, risas y sonido. Al inicio del evento, Raúl había estado molesto porque lo habían situado en una mesa lejana a la de sus compañeros de la oficina, por otro lado, María se sentía incómoda ya que no conocía a nadie de los que estaban sentados cerca de ella, no obstante, al ser compañeros indirectos de trabajo las emociones encontradas del principio, fueron gradualmente disminuyendo en proporción a la ingesta de las copas de alcohol. Las conductas de ambos fueron cambiando, se sentían identificados, en la medida que los dos iban bebiendo más, se sentían felices, tranquilos, disfrutando el ambiente y con una risa a flor de piel, la noche para ambos jóvenes menores de 30 años, solteros y con una situación privilegiada en el trabajo ya que ambos tenían a su cargo sus respectivas jefaturas en la empresa, era sumamente placentera y se iban sintiendo más cómodos, alegres y por supuesto excitados uno del otro.

La música fue detonando cada vez más risas y más ganas de bailar. El baile abrió pista alrededor de las ocho de la noche, ambos habían ingerido siete copas para ese momento y su conducta había pasado de la risa espontánea al mareo, pero con las ganas de agradarse cada vez más entre ellos. Alrededor de las nueve de la noche se sirvió el festín, a esa hora, ambos ya estaban sentados juntos, habían contado prácticamente toda su vida y la motivación de conocerse más era mutua. Alrededor de las dos de la madrugada, ya se abrazaban y empezaron a besarse. Cuando la fiesta llegó a su fin a las tres y media de la madrugada, Raúl ofreció llevar a María a su casa, no obstante, entre los besos, ella repetía que no quería irse y que prefería pasar la noche con él. Decidieron pasar la noche juntos en el departamento de Raúl, de los besos y caricias, subiendo de tono, sucedió la paradoja farmacológica esperada: era tan alto el nivel de alcohol en su sangre que terminaron dormidos uno al lado del otro.

A las ocho de la mañana del día siguiente de la fiesta, María despertó con un fuerte dolor de cabeza, náuseas, deshidratada, pero sobre todo con una sensación de incertidumbre. Vagamente recordaba algunas cosas, reconocía que se había besado con ese hombre que apenas conocía, que estaba semidesnuda y que no recordaba más detalles. Era evidente que no habían ido más allá de los besos, pero se dijo muchas veces "¿qué hice?" Era una mezcla de sentirse asustada, incómoda y al mismo tiempo excitada. Sabía que Raúl no era su tipo de hombre, incluso al verlo de cerca podía dar certidumbre de que ella jamás le habría hecho caso en la cotidianidad de la empresa. Raúl estaba dormido, roncaba, desaliñado y con un aroma no grato. María con discreción se levantó, se puso su blusa y zapatos, se arregló y poco a poco, sin hacer ruido salió del departamento. No sabía en dónde estaba, se encontraba desubicada, no sabía cómo había subido las escaleras y mucho menos recordaba detalles del lugar, para ella, era todo nuevo en ese momento, su angustia y ansiedad disminuyó al ver un sitio de taxis a dos cuadras. Tomó un taxi hacia su casa, en el camino reflexionó, pensó, se regañó y se rio al mismo tiempo, tenía una mezcla en sus emociones como si algo hubiera hecho que le incomodara, pero al mismo tiempo le generaba perplejidad y una risa maliciosa. No lo volvería a hacer, eso era un hecho, había sido demasiado fuerte esa experiencia, por momentos venían recuerdos como ráfagas "¿Qué hice?" Se repetía a ella misma, "¿cómo fue? ¿ahora que le voy a decir? ¿qué va a pensar de mí?" Para María, esta anécdota de vida era muy clara, sin alcohol, nunca nada de esto habría sucedido.

Qué sucede en el cerebro

Hombres y mujeres que han consumido una cantidad moderada de alcohol encuentran las caras de personas del sexo opuesto 25% más atractivas. El alcohol incrementa el atractivo de la pareja y la disposición sexual, después de la segunda copa, el alcohol reduce la capacidad de percibir asimetría facial, los humanos al ver simetría de rostros los convertimos en más atractivos y sexis. Este factor es más evidente cuando la edad es menor de los 30 años en el caso de los hombres, y 21 años en las mujeres. El alcohol relaja la musculatura corporal, incrementa la sensación de satisfacción, las primeras 3 copas dan una sensación de felicidad. A nivel del núcleo accumbens, el alcohol incrementa la liberación de dopamina que cambia la motivación para realizar cosas, a mayor ingesta de alcohol vemos las cosas con mayor simpleza, sin rigor social, perdemos límites y por supuesto la actividad de la corteza prefrontal disminuye en su función de manera significativa, somos felices pero irresponsables, sin límites, con pérdida del fenómeno de acomodación del ojo, por lo que perdemos de manera transitoria la agudeza visual a distancias cortas. Se genera una marcha atáxica (torpe y espástica) además de que la lengua disminuye su movilidad y la capacidad para articular palabras; damos tumbos al caminar, nos cuesta ver de cerca y arrastramos las palabras. Un estudio reciente mostró que cuando la ingesta de alcohol pasa de las 10 copas, se atraviesa un umbral muy peligroso, los jóvenes varones pueden sentir atracción igual por hombres que por mujeres, es decir, se muestran más proclives a experimentar relaciones homosexuales.

No hay determinismos en la subjetividad de ver rostros y sentir deseo. El consumo de alcohol desinhibe conductualmente ya que reduce la culpa y la vergüenza e incrementa el punto hedónico a estímulos básicos.

El alcohol tiene una relación farmacológica y anatómica en el proceso de inhibición de áreas inteligentes, de congruencia en el comportamiento social del cerebro (cerebelo, hipocampo y la corteza prefrontal). En paralelo activa al sistema límbico, principalmente la amígdala cerebral (emociones), núcleo accumbens (satisfacción), área tegmental ventral (felicidad). Por una activación del sistema de inhibición neuronal a partir del GABA, hay una elevación de dopamina (motivación), endorfinas (placer) y adrenérgico (exaltación). El efecto farmacológico en las neuronas nos hace menos congruentes, más arriesgados y fomenta la búsqueda de satisfactores inmediatos.

Un varón promedio menor a 30 años de edad tiene en su sangre altos niveles de testosterona, esta hormona es el principal activador del deseo sexual y conducta agresiva. En contraste, los adultos maduros, mayores de 40 años, tienen además una corteza prefrontal más conectada y una disminución de testosterona de 25%.

Paradójicamente, a más ingesta de alcohol se activan áreas cerebrales relacionadas al dolor moral, al llanto, a la culpa, al incremento de la percepción del cansancio, necedad y disminución de la memoria. Efectivamente, el alcohol de manera aguda y en grandes dosis disminuye la memoria a corto plazo.

Una mujer no genera este evento visual-farmacológico-social inmediato por efecto del alcohol como lo hace el varón, ellas huelen el complejo mayor de histocompatibilidad: las mujeres eligen el deseo sexual, el disfrutar una relación o simplemente platicar con alguien, a través de una evaluación más inteligente al relacionar la diversidad genética evaluada a través del olor. Entre mayor diferencia inmunogenética tenga con otra persona, la discrepancia de esos genes le parecen más atractivos. La corteza prefrontal de las mujeres tiene una mayor conexión sináptica y madura a edades más tempranas. Su hipocampo, giro del cíngulo, núcleo accumbens y cuerpo calloso son más grandes, ellas memorizan, interpretan e integran información a tiempos más cortos. Por otra parte, la liberación de dopamina y endorfinas surgen con relación a las hormonas de su ciclo menstrual; cerca de su ovulación una mujer es más propensa a tomar riesgos y cambiar su opinión, ya que los estrógenos generan una liberación de dopamina. Lo anterior indica que una mujer es propensa a tomar alcohol y sufrir sus efectos en una ventana fisiológica: al momento de ovular, incluso es cuando se tiene más riesgo de caer en una adicción.

El efecto farmacológico del alcohol en el cerebro también está involucrado con la perdida de líquidos corporales, el alcohol inhibe a la hormona antidiurética, la cual se encarga fisiológicamente de retener líquidos a nivel de los riñones.

Cuando una persona ingiere alcohol, de manera proporcional hace que el riñón incremente el volumen urinario y también la frecuencia de miccionar, por lo tanto, una persona que toma alcohol pierde muchos líquidos, éste es el mecanismo por el cual hay deshidratación que favorece pérdida de volumen lo que asociado a procesos inflamatorios de las meninges, caracteriza el dolor insoportable de cabeza asociado a la resequedad y a la necesidad de tomar líquidos.

El alcohol va modificando la estructura, el contenido y el significado de los recuerdos. A medida en que se consuma por más tiempo alcohol, se pierden muchos detalles de la información que se consolida en el hipocampo. Además de que tiene un efecto inhibitorio en la corteza cerebral que también involucra una disminución de la capacidad de ordenar y generar adecuadamente los procesos memorísticos, dificulta la recuperación psicológica de experiencias traumáticas.

El alcohol en dosis bajas puede ayudar a la libido a corto plazo, reduce la sensación de que un problema puede ser serio. Atrás de las conductas de disforia, irritabilidad constante y sensación de obnubilación se encuentra la tolerancia y la dependencia al alcohol, paradójicamente, esto hace que se consuma más alcohol para tratar de escapar de este estado negativo.

El alcohol incrementa la probabilidad de conductas irritables, enojos y frustraciones, también incrementa la sensación de miedo, estrés y preocupaciones. Es un hecho que el alcohol no ayuda al problema, lo agrava. La ingesta de alcohol está atrás de accidentes automovilísticos, de violencia, de la ansiedad y exacerba la conducta celotípica.

Independientemente de la dosis, el consumo de alcohol induce muerte neuronal e inflamación, disminuye la cantidad de mielina, por lo tanto, gradualmente va reduciendo la velocidad de comunicación neuronal. Este es el sustrato neuronal por el que el alcohólico deja de atender las señales socioemocionales. Beber alcohol sí fomenta sensaciones placenteras transitorias pero las consecuencias en la memoria y muerte neuronal son irreversibles.

LOS CELOS NO SIEMPRE MATAN A LA PASIÓN

Las emociones: el deseo sexual en parejas estables disminuye con el tiempo. No obstante, en todos los mamíferos la aparición de una posible y nueva pareja sexual incrementa el apetito sexual. Es decir, la novedad sexual aumenta el rendimiento emotivo. La dopamina se acrecienta en el sistema límbico cuando amenazan con quitarnos el amor de la persona amada. Cuando la pareja es valorada como atractiva sexualmente por otra persona, automáticamente genera deseo por la pareja, tratando con ello evitar que busque nuevos compañeros sexuales. Es decir, cuando existen celos, en un adecuado margen de salud mental, esta emoción compleja produce la paradoja de aumentar las atenciones, acrecentar las manifestaciones de amor y los sentimientos por la pareja, esto es conocido como el Efecto Coolidge.

El lado B: la mayoría de los mamíferos prefiere la diversidad de parejas sexuales que garantice la permanencia de sus genes en este mundo. No obstante, el cerebro humano comprende la lealtad, construye la fidelidad y es racional. Es monógamo por decisión, aunque el proceso hormonal y genético le sugieran ver otras posibles parejas. La pasión por la pareja puede revivir, paradójicamente, cuando alguien más la valora. No todos los celos son negativos.

El asco y su lado B

Escena 1. El lugar era perfecto, la mejor comida china de la ciudad se anunciaba en la entrada. Luz contrasatante, techo alto, amplio en su terraza, impecable, las mesas limpias, la comida con relación a su sabor y presentación: insuperable ¿qué podía salir mal? Era la primera cita con una de las mujeres más hermosas que había conocido. Ella llegó más hermosa que nunca, la invitación había venido bien y el ambiente era estupendo. Comimos la entrada, deliciosa, y ya me sentía muy contento. Al servir el segundo plato, ella se quedó viendo por tres minutos el platillo, impávida, la mujer hermosa, con un asco indescriptible a través de la curvatura de sus ojos, ya con lágrimas y la mueca en su boca, señaló con su dedo índice un cabello negro, grueso, largo, ondulado y brillante en medio de los alimentos. Silencio absoluto. Llamamos al mesero y en segundo plano al gerente del restaurant, ella ya tenía la necesidad de vomitar y su náusea era más que evidente, jalaba aire y su mano estaba en su vientre, en menos de tres minutos tenemos a cuatro personas flanqueando la mesa, el gerente haciendo señas, yo viéndola a ella y tratando de negociar con los meseros, y el gerente pidiendo disculpas. Era evidente la existencia de un pelo humano en la comida, sí, un pelo de dudosa procedencia en los alimentos. El asco por actividad de mis neuronas espejo, apareció cuando la vi vomitar en el plato, perdiendo todo el glamour. En ese momento, además de pedir disculpas y no cobrarnos la comida, nos ofrecieron un menú especial o en otro día un descuento, ya no recuerdo, salimos del sitio, ella con el vómito se fue a su casa, yo apenado sin saber qué hacer. Nunca regresé a ese restaurante, aunque un día el hambre casi hizo que me traicionara. Por supuesto, nunca volví a ver a la bella mujer. El recuerdo imborrable de un pelo espantoso y terrible en la comida a veces me acompaña.

Escena 2. En alguna ocasión en la secundaria, doña Cleo, quien vendía unas deliciosas enchiladas y quesadillas en el recreo, me dio una de las mejores lecciones de mi vida. Recuerdo que en esa ocasión ambos salíamos del baño, obviamente ella del de mujeres y yo del destinado a los varones. Por alguna extraña ocasión ese día en la secundaria no hubo agua y por más que trate de omitir el dato, era evidente la razón por la que doña Cleo había visitado el baño. Menos de cinco minutos después del encuentro súbito, se escuchó la campana que daba inicio al recreo, obviamente también al inicio de la venta de los sabrosos antojitos de doña Cleo. Aunque yo era el primero en la fila y apenas tenía 12 años de edad, era muy consciente y vi con asco como doña Cleo, se rascaba cierta zona de su cuerpo, al mismo tiempo que frotaba las palmas de su mano, las mismas manos que preparaban tortillas, esparcían el queso y todos los demás condimentos de los alimentos que preparaba. No pude más, nunca más le pude comprar otra quesadilla o enchilada a doña Cleo. Fui testigo como preparó alimentos con las manos sucias. Debo confesar que varias veces como consecuencia de haber comido en la secundaria tuve diarrea, cólicos y en ocasiones fiebre. Seguramente doña Cleo me compartió parte de su flora intestinal a través de las quesadillas y enchiladas durante tres años de mi paso por esa secundaria.

Escena 3. Sala de urgencia de un hospital. Contexto: todos sin excepción tenemos asco de las secreciones, saliva, orina, lágrimas, incluso sangre de otras personas que puedan tocar los labios o depositarse en nuestra piel. Esto escapa cuando la persona que tenemos enfrente es nuestra pareja o son nuestros hijos. Los seres humanos tenemos una sensación de asco cuando pensamos que nuestros alimentos, dulces o algún tipo de materia que llega a nuestra boca pudo haber estado en contacto con algún líquido corporal de otra persona. Recuerdo vívidamente que cuando era médico interno, una paciente tenía la indicación de que se le colocara una sonda nasogástrica, en este proceso invasivo se tiene que introducir una pequeña manguera-tubo, flexible de plástico por la nariz, que, con ayuda de un gel lubricante, debe pasar por la faringe y eventualmente bajar por el esófago y terminar en el estómago. La gran mayoría de los médicos tenemos que colocar esas sondas ya sea para alimentar al paciente, hacer un lavado gástrico o en su defecto iniciar la aplicación de algún medicamento o para realizar algún proceso médico terapéutico. Recuerdo que tenía cubrebocas, mi bata de médico, guantes. Realicé todas las medidas indicadas en el protocolo técnico para poner una sonda nasogástrica a la paciente. Lo que yo no contaba, es que la paciente no tenía mucho de haber comido y además de que era muy sensible a la manipulación de la sonda en su nariz y garganta. Debo decir que la sonda pasa por el istmo de las fauces, por la raíz de la lengua, sitio oral en el cual se inicia el proceso reflejo de la náusea; al momento de pasar la sonda por la faringe la señora cerró los ojos, me empujó y me vomitó la cara, el pecho y las manos. No pude decir nada, sólo apenas expresar: "Señora, no se preocupe, necesito ponerle la sonda, yo le pido por favor, no se mueva y ¡no me vuelva a vomitar!" Han pasado más de 20 años de la escena y tengo una mezcla de emociones encontradas con ese recuerdo, a veces recuerdo el olor, la textura del vómito, pero sobre todo la mirada de la paciente entre una mezcla de pena y orgullo por haber vomitado al médico que le estaba molestando tanto con la sonda.

Escena 4. El paciente de la cama 25 tiene un recuerdo especial para mí. Desafortunadamente una de las complicaciones más frecuentes en un hospital son las infecciones intrahospitalarias. Después de una cirugía, el paciente quedó postrado durante más de 15 días en su cama, a pesar de los cuidados de enfermería y las indicaciones que se les dio a sus familiares de moverlo y darle un masaje con frecuencia, desafortunadamente el paciente comenzó a tener infecciones en los sitios en donde la anatomía de los huesos presiona la piel con la cama, donde la probabilidad de una escara o herida de la piel es alta. La recuperación de un paciente post operado depende de varios factores, el cuerpo humano no debe estar mucho tiempo inmóvil en cama, en una sola posición, se le debe mover constantemente. Desafortunadamente el paciente de la cama número 25 empezó con una herida de 2 cm, la cual en menos de una semana se hizo de 10 cm y eventualmente llegó hasta los 25 cm en semana y media, la herida fue tratada con diferentes antibióticos. La infección ensombrece el pronóstico de recuperación, el agente bacteriano más frecuente relacionado a estas infecciones intrahospitalarias es la bacteria llamada Pseudomona aeruginosa, la cual es altamente resistente a los antibióticos y puede atacar a músculos y huesos de manera rápida. El pus como producto de esta herida tiene un olor característico, muy fétido. Los médicos estamos acostumbrados incluso a diferenciar el tipo de agente bacteriano que está involucrado con la infección con sólo olerlo, debo confesar que para los que inician la vida intrahospitalaria, el olor del pus generado por Pseudomona nunca se olvida, es nauseabundo. El paciente de la cama número 25, se recuperó moderadamente de la neurocirugía, pero lo que lo mantuvo mucho tiempo en el hospital fue la herida de músculo, fascia y piel por la escara que le salió por la falta de movimiento. El paciente salió adelante gracias a la terapia crónica de antibióticos, aunque también las consecuencias de estos antibióticos potentes cobran facturas, como cambios en la flora intestinal además de modificaciones en el sistema inmunológico.

Que sucede en el cerebro

Al cerebro humano le genera mucho asco el comportamiento antihigiénico de las personas, la presencia de animales o insectos en sitios como en la cama, utensilios de cocina o alimentos, además de ver y oler heridas infectadas, ingerir comidas caducas o en su defecto sentir la presencia de un líquido corporal de otra persona (en especial la saliva) en nuestro cuerpo. Las personas que tienen mal olor corporal también suelen generar asco en las personas que la rodean. Las mujeres sienten más asco que los hombres, esto en relación con su plasticidad neuronal, su excelente bulbo olfatorio y su mejor memoria.

El asco es una emoción primaria que nos ayuda a tener atención significativa sobre condiciones que pueden ser peligrosas para la salud, por ejemplo, tener aversión a alimentos que podemos considerar como venenosos o putrefactos, o sentir repulsión ante condiciones que podemos considerar como infectantes y nocivas para nuestra vida.

La reacción de asco es inmediata, universal en su expresión facial y corporal, en menos de dos segundos ante un estímulo detonante, nuestra cara lo expresa de una manera contundente: cerramos los ojos, arrugamos la nariz, abrimos la boca y en ocasiones sacamos la lengua. Las manos alejan el origen de lo que nos da asco, retiramos la cabeza y solemos taparnos la cara o intentamos limpiarnos rápidamente las manos.

No hay un circuito específico del asco, se ha identificado que el núcleo cerebral denominado ínsula, sitio donde se registra y procesa información del dolor en el cerebro, está íntimamente relacionado con los procesos de asco, también se encuentra involucrado el lóbulo frontal, el bulbo olfatorio, la amígdala cerebral, el hipocampo y el giro del cíngulo.

El asco está íntimamente relacionado con la evolución de la náusea y el vómito, ya que a través del proceso de activación de una vía neuronal llamada haz solitario que activa a la amígdala cerebral con el hipocampo, generan un circuito de protección para evitar envenenamientos o situaciones adversas. Los seres humanos desde que nacemos tenemos activos los núcleos cerebrales del asco.

Si bien no podemos evitar totalmente ser envenenados, a través del asco pretendemos no infectarnos de alguna enfermedad por lo que comemos y ponemos más atención, ya que enviamos una información social de un potencial peligro hacia las personas que nos están viendo. Uno de los miedos que tenemos los humanos desde los primeros años de la vida de manera innata, es ante insectos en especial cucarachas y arañas. El asco está en relación con este miedo.

Varios estudios muestran que el asco también va en consideración a cierto tipo de interpretaciones psicológicas que tenemos en la vida, por ejemplo, a ponerse una prenda de vestir de alguien a quien hipotéticamente se le considera sucio, asesino, violento o violador automáticamente genera la sensación de asco, la evitamos, aunque se diga que ha sido una broma o no sea cierto.

Es normal sentir asco ante ciertos estímulos, los cuales dependen de la subjetividad que le otorgamos a cada detonante, pero también el asco puede estar relacionado con algunos trastornos de la personalidad como la ansiedad y los trastornos obsesivos compulsivos. Se sabe que, ante condiciones de ansiedad, un factor que se desarrolla y ayuda a generar alivio es reducir el asco.

Un aspecto que nos muestra la importancia del asco en la vida del ser humano es que las mujeres cuando están embarazadas tienen una mayor sensibilidad ante ciertos estímulos, por ejemplo, la grasa, los alimentos amargos, incluso en ocasiones, los alimentos demasiado condimentados. Las mujeres embarazadas tienen un asco exacerbado hacia las secreciones corporales ajenas a su cuerpo, incluso a algunos animales. Esto se debe a que el cerebro incrementa las medidas precautorias para una posible infección o intoxicación; ya que su sistema inmunológico está disminuido por la función de un embarazo. En el caso de la mujer embarazada, estos ascos son transitorios y tienen una relación directa con los niveles de la hormona gonadotrofina coriónica humana, la cual está íntimamente relacionada con la placenta y por las células coriónicas, esta hormona favorece la gestación ya que garantiza una mejor perfusión.

Tener asco tiene beneficios, las neuronas generan estrategias para evitar con eficiencia la presencia de lo que nos desagrada. Ponemos más atención y somos capaces de cambiar el estado anímico basal que tenemos. Por el asco, no comemos productos en estado de descomposición, somos capaces de movernos y evaluamos con más atención al detonante. Cuando alguien diga "¡me das asco!" Debemos entender que además de evitarnos, tienen aversión y por supuesto pasamos a la trascendencia, ya que nunca se nos va a olvidar algo a lo que tenemos asco.

ODIO Y HEMISFERIO CEREBRAL DERECHO

Las emociones: el origen de las emociones es a partir del cerebro, no del corazón. Son las neuronas de las estructuras subcorticales denominadas sistema límbico (amígdala cerebral, hipotálamo, hipocampo, ganglios basales, giro del cíngulo) en donde paradójicamente no hay consciencia. Los lóbulos frontales se involucran en el proceso emotivo cuando éste ya nos atrapó, la congruencia aparece tiempo después del origen de una emoción. Las emociones tienen una relación importante con el aprendizaje y la experiencia. Ser consciente de la emoción que tenemos hace más fácil entenderla y reconocer lo que nos está sucediendo.

El lado B: por su naturaleza, las emociones en su origen son inconscientes. El hemisferio cerebral derecho genera más emociones relacionadas a la molestia, enojo, irritabilidad ira, comparado con las redes neuronales del hemisferio izquierdo. El hemisferio cerebral derecho tiene conocimiento de nuestro entorno, es más consciente de la tristeza, genera e identifica más procesos relacionados con el miedo. La amígdala cerebral está en relación al origen de prácticamente todas las emociones, pero su participación en el odio es fundamental en el origen y el mantenimiento de la emoción. Recientemente se identificó que el odio es uno de los procesos emotivos de mayor actividad neuronal. Después de una activación de la amígdala cerebral, el odio activa de manera importante el núcleo neuronal llamado ínsula, una zona cerebral relacionada con el proceso cognitivo del dolor, el rechazo, la repugnancia y a su vez que conecta con regiones corticales en relación a la planificación y el ataque, por lo que el odio es una de las emociones más completas de activación estructural del cerebro humano y de las que más ocupan neuronas, no obstante, al hacer consciencia del odio, éste si puede controlarse.

El enojo

Alfredo corría desesperado por los pasillos del aeropuerto, con trabajos pasó el filtro de seguridad; su ansiedad estaba transformada en solicitud con gritos hacia los demás para que se quitaran de su paso, corría con todas sus fuerzas en dirección a la puerta número 26 de salida de los vuelos internacionales, mientras toda la gente lo miraba pasar entre miedo, precaución y risas involuntarias. Al llegar al mostrador, Alfredo se percibía sudoroso, desaliñado y sumamente nervioso, llevaba un pase de abordar en su mano derecha, en la mano izquierda tenía sujeta con fuerza una maleta mediana, la cual había golpeado varias veces en su travesía accidentada en los pasados 15 minutos. Había llegado tarde a la etapa de abordaje del vuelo 310 con destino a Madrid, tenía que tomar ese vuelo internacional fuera como fuera, pasara lo que pasara, era un viaje de negocios en el cual estaba representando a la oficina de asuntos internacionales de su empresa. El tráfico de la ciudad, asociado a una manifestación con sus respectivos cortes de circulación, sumado al embotellamiento de la entrada al aeropuerto había sido el clímax del caótico camino que ese día lo habían hecho llegar tarde para tomar el viaje.

La empleada de la aerolínea lo veía con asombro y pena. Con mucha calma, ella le informó que el vuelo había sido cerrado apenas tres minutos antes de su llegada. Alfredo no lo podía creer, veía aún el avión estacionado frente a él, empezó solicitando permiso para abordar, suplicando, enfatizando que no fue su culpa llegar tarde. La empleada de la aerolínea, en la misma parsimonia y tono de voz le informó que no podía dejarlo pasar, por razones de seguridad y protocolos establecidos. El vuelo ya había sido cerrado, no podía permitirse a ningún pasajero abordarlo después de cerrar la puerta de acceso al aeroplano. Esta explicación desquició a Alfredo, venía estresado, angustiado, nervioso, tenso desde hacía más de 2 horas en el auto, en ese momento explotó en cólera, ¡estalló su ira! quedó atrapado en este estado, en ese momento comenzó a gritar, a golpear el mostrador de la aerolínea, a insultar y sobre todo a amenazar. La empleada de la compañía de aviación empezó a hablar por radio banda civil y por teléfono, solicitando apoyo, estaba atemorizada, había agotado todos los recursos para tratar de hacer entender a Alfredo que no podía abordar el avión, entendió bien que la situación podía llegar a una violencia en la cual podría ser golpeada. Alfredo estaba más iracundo, irreflexivo y totalmente fuera de sí, no podía creer que le hicieran esto, repetía constantemente que había salido con tres horas de anticipación y había hecho prácticamente dos horas y media en el auto, cuando normalmente invertía en trasportarse al lugar 20 minutos en cualquier otro día. No se daba cuenta de lo terrible que se había convertido la situación, amenazaba, ofendía, violentaba y por supuesto ya ningún argumento lo calmaba. Cuando el avión empezó moverse y se retiró para tomar pista, Alfredo se aventó hacia el ventanal y con un grito desesperado se dejó caer de rodillas suplicando por última vez que lo dejaran pasar.

Gradualmente los agentes de seguridad y más empleados de la aerolínea lo fueron rodeando, la respuesta de Alfredo fue violenta y en ese momento fue sometido en presencia de varios testigos. Lo llevaron a una sala en donde el protocolo es dejar a los individuos en estas condiciones prácticamente dos horas en aislamiento. Alfredo se fue calmando, gradualmente pasó del enojo a la preocupación, luego angustia y eventualmente a la sensación de pena y vergüenza. Entendió que por más que él hubiera podido hacer, las circunstancias eran otras, había llegado tarde al aeropuerto y perder el vuelo era una consecuencia de varios factores.

La situación se salió de control, no lo supo manejar, pocas veces como en ese caso Alfredo había estallado en tanta ira por algo que consideraba injusto. Alfredo no se dio cuenta que desde que salió de su casa ya existía una tensión, pero el hecho de haber perdido tanto tiempo en el embotellamiento, la manifestación y otros eventos que se suscitaron, fueron sumándose para que la tensión evolucionara en ira, violencia y enojo desmedido. Las consecuencias las tenía enfrente, no sólo haber perdido el vuelo, sino pagar una multa y por supuesto pagar otro boleto para realizar el viaje. Aprendió de las consecuencias y de las decisiones incorrectas. Enojado no supo de razones, enojado es fácil violentar y hacer lo que se considera justo, es ese preciso instante en que el cerebro enojado sólo quiere tener la razón.

Qué sucede en el cerebro

El enojo es una respuesta neurofisiológica que detona un incremento en la actividad neuronal de varias áreas cerebrales (amígdala cerebral, hipotálamo, hipocampo, ínsula, giro del cíngulo, tallo cerebral, ganglios basales y cerebelo). Esto incide directamente afectando en menos de 60 segundos a la actividad cardiovascular y endocrina, la frecuencia respiratoria se incrementa por arriba de 25%, la frecuencia cardiaca mayor a 50%, hay aumento de la tensión arterial que puede sostenerse por arriba de 20%. Hay cambios hormonales importantes e inmediatos como un incremento en los niveles de adrenalina, noradrenalina, testosterona, reducción inmediata de los niveles de cortisol, incremento en la liberación de glucagón, aumento de las citoquinas de los procesos inflamatorios, aumento de la glucosa sanguínea, asociada con la disminución de saliva y orina. También incremento en la actividad neuromuscular, aumento de la sudoración, modificación al umbral del dolor y una preparación conductual para la lucha o la huida. El sistema nervioso autónomo y el sistema endocrino se activan en una ventana inmediata de 3 a 15 segundos, modificando la actividad de los lóbulos frontales cerebrales, en especial los lóbulos temporales, pero sobre todo el hemisferio cerebral izquierdo. El enojo es una respuesta fisiológica cuya característica fundamental es un incremento en la resistencia vascular periférica, que incrementa la actividad cardiaca y la presión arterial con un concomitante aumento del metabolismo el cual nos hace más agresivos conductuales y con tendencias dominantes de la actividad social.

El cerebro enojado se hace más asimétrico en su función, puesto que se puede acompañar por la hiperactividad de las neuronas en la amígdala cerebral y el hipocampo, la región frontal izquierda gradualmente disminuye su actividad en tanto que la derecha pareciera que se activara más rápido. La actividad del hemisferio cerebral izquierdo trata de encontrar lógica y congruencia en lo que nos está haciendo enojar, en contraste el hemisferio cerebral derecho es más emotivo y puede perdurar en su función durante más tiempo, favoreciendo la aparición del enojo.

Cuando nos enojamos el cerebro tiende a acercarse a aquello que es el detonante con el objetivo de eliminarlo o entenderlo, pero el proceso puede durar más tiempo, aquí es cuando la conducta necia que lo acompaña puede generar un proceso caótico.

El problema no es enojarse, esta emoción se autolimita por las propias redes neuronales en tiempos promedio de 35 a 40 minutos, es decir enojarse tiene un periodo transitorio de duración que eventualmente se va a regulando y disminuyendo. Cuando se activa el sistema límbico y disminuye la función cortical frontal, perdemos la lógica, pero esto es transitorio, no dura más de una hora. Caemos presa del enojo que nos hace ser competitivos, groseros y hasta violentos, luchamos para tratar de mantener nuestra función vital, sin embargo, este proceso disminuye en una ventana de tiempo menor de 60 minutos; si el enojo dura más tiempo o rompe filtros sociales o normas civiles, esto indica que se trata de un trastorno de la conducta. Con lo anterior debemos entender que el enojo no es malo en su función o su objetivo en nuestra vida, pero su duración prolongada o las consecuencias por no controlarlo, sí pueden generar condiciones de trastorno.

Explicar el enojo en lugar de demostrarlo puede solucionar más rápido lo que nos enoja y evitar la discusión. El cerebro aprende a encontrar los detonantes de su enojo a partir de los 5 años y esto va cambiando en la medida que aprendemos las reglas sociales. La forma como nos enojamos tiene mucho de aprendizaje social y de patrones dentro del entorno social de la casa y la escuela, que repetimos. En especial, de las personas con jerarquía que van enseñando las reglas sociales, la importancia de los padres, hermanos mayores y maestros es esencial en este proceso. Enojarnos frecuentemente, sin contrapesos, favoreciendo la obtención de ganancias secundarias, hacen que el cerebro sienta un placer asociado al enojo.

Si el enojo dura más tiempo de una hora puede ir en contra de la plasticidad neuronal y de la supervivencia de las propias neuronas. Enojarse con frecuencia puede ser un trastorno, quita años a la vida. Esto puede ser semejante a un estrés sostenido, tener una dieta inadecuada o una enfermedad crónica degenerativa sin tratamiento.

En ocasiones el enojo no lo es tanto por un detonante, el enojo es tristeza debida al conflicto de querer ser primero en todo, buscando y tratando de ser perfecto. Sin darnos cuenta, nuestros recuerdos más fuertes e importantes de la vida dirigen nuestra atención. El enojo es la primera manifestación de desagrado con nosotros mismos con una proyección hacia los demás.

Es un hecho de que la mayoría de las cosas que nos disgustan tienen un proceso cultural asociado a elementos simbólicos de nuestra historia personal. Los recuerdos del hipocampo emergen en los momentos menos oportunos como detonantes. Por esta razón, nos conviene saber qué nos hace enojar y preguntarnos: ¿desde cuándo?, ¿por qué de esa manera? y ¿por qué se asocia con tantos recuerdos?

Cansados tomamos malas decisiones, cuando el trabajo intelectual es intenso y prolongado durante varias horas, se acumulan productos potencialmente tóxicos en la corteza prefrontal, esto es lo que está atrás del bajo control en las decisiones. Es un hecho que cansados, con hambre o con limitaciones económicas el cerebro siente tener la razón y discute con mayor énfasis. El cansancio genera y fomenta recuerdos desagradables, estar muy cansado dificulta reprimir los recuerdos desapacibles, lo cual puede afectar la manera como interpretamos y tomamos decisiones.

Todos tenemos y expresamos en algún momento de nuestra cotidianidad el sesgo de negatividad, somos más sensibles a las cosas que nos salen mal. Este sesgo no es del todo erróneo o malo; el lado B de esto es que solemos confrontarnos a nosotros mismos y buscamos demostrarnos que nos equivocamos porque finalmente el resultado no fue como esperábamos. El problema es que este sesgo nos puede detener constantemente y por otro lado enojarnos por cuestiones mínimas o problemas pequeños.

Nos conviene saber que una persona enojada que se ve al espejo disminuye su conducta negativa e irracional más rápido. Esto debido a que las neuronas espejo observan los detalles de nuestro rostro, vernos enojados y furiosos nos puede calmar si el espejo lo refleja.

ENOJO Y RENCOR NO VEN EL MISMO OBJETIVO

Las emociones: en la experiencia de vivir, todos franqueamos eventos dolorosos causados por las personas más significativas de nuestra convivencia, por ejemplo, una madre que nos culpa injustamente, un amigo que miente, una pareja que nos traiciona, un hijo malagradecido. En respuesta a ello aparecen emociones dolorosas, nuestras neuronas reaccionan con ira, hostilidad y deseo de venganza. La alternativa que indica una adecuada salud mental es perdonar y renunciar al resentimiento o rencor hacia ellos.

El lado B: rencor y enojo no son lo mismo. El enojo es una respuesta neurobiológica que depende de muchos factores (personalidad, edad y experiencia) en tanto que el rencor es principalmente aprendido por nuestras neuronas. El perdón se asocia a estados emocionales objetivos en comparación al rencor que es evolutivo, voluble y asimétrico. El perdón otorga empatía y la regulación del afecto a través de la cognición, áreas cerebrales como el precúneo, las regiones parietales inferiores derechas y la corteza prefrontal dorsolateral se involucran inmediatamente. El perdón impulsa la reevaluación y amplía la regulación emocional para resolver la ira. El resentimiento estanca las emociones, se retroalimenta unilateralmente y gestiona erróneamente la percepción de la realidad. Es egoísta, se incrementa con el tiempo, incluso es autodestructivo. Conviene entender que un enojo, para un cerebro sano, no puede durar más de 45 minutos. Pero tener rencor, independientemente de la causa y su gestación, puede durar toda la vida. El enojo se expresa en el momento, el rencor ata al pasado y cambia el futuro.

Cerebro, hormonas y conducta

Las emociones no sólo son el reflejo de una retroalimentación con el entorno. Su proceso inicia con el estado de homeostasis interno: temperatura, glucosa, oxígeno, sensación de libertad, aprendizajes previos y por supuesto el entorno psicológico en el margen social. No dependen únicamente de la neuroanatomía y los neurotransmisores sabidos, también dependen de la alimentación, los horarios, nuestro sueño y por supuesto de diversas hormonas en nuestro cuerpo.

Las hormonas pueden influir directa e indirectamente en el inicio, mantenimiento y conclusión de una emoción. Sus acciones dependen del período de maduración del sistema nervioso en que se ejercen, el mecanismo neural que facilita la ocurrencia de acciones como la plasticidad cerebral. Las hormonas pueden tener factores epigenéticos, influyen:

el organizador (cerebro) y el activador (conductas). Las hormonas tienen la capacidad de influir en la citoarquitectura y estructura del cerebro de manera permanente durante el desarrollo, desde el período fetal hasta el final de la adolescencia y la pubertad. Las hormonas influyen de manera transitoria, puntual y reversible en muchos casos, estos efectos dependen de la concentración de las hormonas en cada instante.

La *melatonina*, hormona que relaciona los ciclos biológicos horarios, la vigilia, el sueño, captura de radicales libres, regula el crecimiento dendrítico neuronal, regula inmunológicamente, es un reostático fisiológico: lo que se encuentra en niveles disminuidos lo incrementa y los que se encuentran altos los disminuye, interviene en la atención, la memoria y el aprendizaje. Su presencia otorga un mejor estado de ánimo. Desvelarnos cambia su liberación.

Las *orexinas,* son las hormonas reguladoras del hambre, apetito y satisfacción. Su incremento genera conductas de molestia, enfado e irritabilidad, es el sustrato de seguir teniendo apetito aun cuando ya comimos.

La *oxitocina* es la hormona del apego y el amor. Se libera en el orgasmo, trabajo de parto y amamantamiento. Sin abrazos, sin apegos sociales, sin caricias, la oxitocina disminuye, se cuantifica tristeza, depresión y sensación de vacío.

Las hormonas *leptina, grelina y neuropéptido* relacionadas con la saciedad y el cambio de la percepción del hambre.

Su disminución se asocia como un estímulo directo a la amígdala cerebral de molestia e ira al no comer.

La *adrenalina*, liberada por la glándula suprarrenal, incrementa la función cardiovascular, respiratoria, motiva el interés y acelera la disponibilidad de glucosa, aminoácidos y sustratos energéticos para el organismo, en especial para el cerebro, por lo que su incremento exalta la conducta.

El *cortisol*, hormona necesaria para despertar día a día y generar energía en estados de ayuno, incrementa la entrada de calcio a las neuronas, ayuda a poner atención en los detalles, pero una larga presencia como sucede durante el estrés, puede generar muerte neuronal.

Las *hormonas tiroides, tiroxina* (T3/T4), asociadas a TSH y CRH, todas relacionadas con la glándula tiroides, son hormonas que estimulan el metabolismo, activan el cerebro, el corazón, los pulmones y la función de los músculos y el hígado, un exceso incrementa la función neuronal por lo que se puede asociar con ansiedad y tensión social, reducción de peso e intolerancia al calor, desesperación asociada a una forma de hablar rápido. En contraste, su ausencia está directamente relacionada con obesidad, pensamientos lentos, intolerancia al frío, fatiga crónica, alteraciones menstruales y depresión.

La *beta-endorfina* es una hormona que se asocia directamente con la generación de placer y felicidad. Se incrementa después de llorar, después de reír, al hacer ejercicio, comer delicioso, actividad sexual, pisar el césped o algunos tipos de drogas. Se asocia a euforia, bienestar, memoria y atención selectiva.

El *BDNF,* por las siglas en inglés del factor de crecimiento neuronal derivado del cerebro, es una hormona peptídica relacionada con división neuronal del hipocampo, incrementa factores de crecimiento y en consecuencia favorece la formación de la sinapsis. Se incrementa en estados de convivencia social, orgasmos, ejercicio, ayuno intermitente y actividades emotivas.

La *testosterona,* hormona masculina relacionada con la espermatogénesis y la función del inicio y mantenimiento de los caracteres sexuales secundarios como músculos y huesos grandes, talla, piel y vello grueso, la voz masculina y el deseo sexual. Responde a las conductas de defensa territorial. Nos hace competitivos, irritables y violentos, disminuye conexiones neuronales.

La *hormona de crecimiento* tiene una tasa de liberación en las noches, cuando más soñamos. Privarnos de sueño interfiere directamente en la consolidación de la memoria. Esta hormona es responsable del crecimiento de huesos, músculos, actividad hepática, pero sobre todo de mayor arborización dendrítica y crecimiento de epitelios, en especial del respiratorio y del tubo digestivo.

Las hormonas como la *insulina* y el *glucagón* se encuentran involucradas indirectamente con las emociones. Ambas hormonas son liberadas por el páncreas endocrino. La insulina se libera para que la glucosa entre a las células y se utilice. En contra parte, el glucagón extrae de los tejidos de almacenamiento de energía como el hígado, el tejido adiposo y los músculos. Si la insulina disminuye, el cerebro disminuye su eficiencia y se hace lento su trabajo: reduce la actividad neuronal, síntesis y liberación de neurotransmisores.

Los *estrógenos,* en especial el 17 beta-estradiol. En el cerebro actúan en las terminales presinápticas, incrementando la liberación de los neurotransmisores: dopamina, serotonina y acetilcolina, esto incide directamente en los procesos cognitivos y de madurez neuronal, esta hormona es responsable de incrementar la atención y la memoria ya que actúa modulando positivamente al receptor tipo NMDA del glutamato; es decir, la mujer pone más atención por más tiempo y su memoria es más selectiva. Por otra parte, la *progesterona*, responsable del mantenimiento del embarazo, incide en la ingesta calórica. Debido a su modulación positiva del receptor $GABA_A$ se asocia a una regulación efectiva del sueño, aumentándolo. Esta hormona está relacionada con el síndrome premenstrual y la depresión postparto. Tanto estrógenos y progesterona se asocian a una plasticidad neuronal positiva a largo plazo.

La *vasopresina* es una hormona relacionada con el mantenimiento de los líquidos corporales (relación hipo-tálamo-riñones), se asocia a conductas de mantenimiento de la pareja, protección del entorno y conducta sexual. Su incremento se asocia a conductas promiscuas. Irritabilidad e incremento del deseo sexual.

Por lo anterior, estas 18 hormonas son responsables de que un estímulo pueda ser percibido de manera inmediata o en su defecto también pasarlo por alto, percibir una falta de respeto ante estímulos neutros, y en otras ocasiones desensibilizarnos de provocaciones nocivas. El hambre y la privación de sueño nos hacen irritables, al mismo tiempo que enlentecen los pensamientos. El cerebro por regulación hormonal y las células marcapaso del tálamo, entre las nueve de la mañana y la una de la tarde, tiene más atención selectiva mientras que entre la una y las tres de la madrugada tiene los sueños más reparadores. Privarnos de este proceso interfiere directamente como aprendemos. Si el cortisol es elevado por mucho tiempo, no se puede poner atención y hace posible olvidar con mayor facilidad. Hormonas, horarios y actividad van muy cercanos en la generación de nuestras emociones.

EMOCIÓN Y ESTADO DE ÁNIMO

Las emociones: todos tenemos eventos que capturan nuestra atención y nos provocan sensaciones y emociones. Identificar una posible amenaza hace que varias redes neuronales se activen con mayor rapidez. De manera inconsciente, la amígdala cerebral registra el entorno con gran eficiencia para preparar inmediatamente a las diversas regiones del cerebro para incrementar la percepción, según sea el caso. Acontecimientos motivantes hacen que las neuronas actúen más rápido, por ejemplo, ante el rostro de un niño sonriendo, en contraste con observar una cara sin la expresión de emociones o cuando alguien nos muestra enojo a diferencia de alguien que evade hablar y nos observa a los ojos.

El lado B: con tan sólo 200 ms la información de un estímulo de áreas de reconocimiento facial y áreas asociativas otorgan datos que hacen que la emoción que la amígdala cerebral proyecta para activar a la corteza orbito frontal y colículo superior; a los 350 ms el sentido emocional es evaluado de manera completa en el cerebro. Las emociones son impulsos transitorios neuronales de rápida autolimitación. Pero los estados de ánimo pueden durar de horas a días. Por ejemplo, al perder a un ser muy querido, la emoción que predomina es la tristeza, comúnmente el comportamiento adaptativo es apreciar el pasado con más énfasis y generar actitudes pasivas para evitar desafíos adicionales. La tristeza como emoción puede evolucionar a depresión como estado de ánimo. Cuando nos presentamos ante acontecimientos inesperados y le emoción es la sorpresa, nuestro comportamiento adaptativo es enseñarnos a buscar y tener información futura para guiarnos en acciones posteriores. Cuando nos amenazan constantemente, el miedo genera un evento adaptativo el cual será esperar que los desafíos se diluyan. Cuando tenemos ira, el comportamiento adaptativo más común es inducir eventos de respuestas inmediatas ante comportamientos amenazantes.

CEREBRO, HORMONAS Y CONDUCTA

GUSTO Y DESEO

Las emociones: el deseo es el anhelo que nos hace perseguir al placer, es creer que es posible alcanzar una satisfacción. En el gusto, se ha experimentado el placer, ya se satisfizo el deseo, las neuronas lo experimentan como motivador y generador de repetir conductas y actividades. El deseo es importante en la experiencia humana, porque está en relación con la sobrevivencia y el mantenimiento de la especie, pero también el deseo puede ser destructivo si se encuentra atrás de una adicción.

El lado B: cada uno de nosotros tenemos preferencias por las cosas, personas, eventos, comidas, un sinfín de detonantes para hacernos felices y que nos genera placer o nos motiva para realizar cosas nuevas, por lo que es válido hablar de diferentes tipos de deseo. Desde el punto de vista neurológico, gustar y desear son dos procesos distintos que activan redes neuronales que logran solaparse entre sí en nuestro cerebro, lo que nos gusta y lo que deseamos nos hace liberar dopamina y beta-endorfina, no obstante, ambos van controlándose su liberación a lo largo de la vida por la corteza prefrontal. En una adicción, la necesidad sobrepasa al querer y al deseo, paradójicamente se deja de disfrutar en estas condiciones, es entonces que el placer se convierte en un proceso destructivo.

Hoy te vas de mí

Para concluír este libro te comparto te comparto este mensaje de despedida a una presencia, una experiencia, una época llena de emociones y vivencias.

Te ofrezco estas líneas, estas frases llenas de sinceridad para ti...

He escrito estas palabras que tú has dictado a mi cerebro durante tanto tiempo, pero en realidad lo confieso, serán sólo para mí. Yo he decidido despedirte hoy de mi vida, he decidido dejarte en este camino, en este preciso punto de mi existencia. Porque a tu lado aprendí a no describirme, a ignorar mis emociones, a tu lado me avergoncé de sentir, de llorar... de amar. Te encauzaste en hacerme cruel, conmigo mismo.

Hoy decidí que te vayas de mí, porque además de estar enojado contigo estoy enojado conmigo, esto paradójicamente
me ata y me vincula más con tu persona, en todo momento,
en el ayer y en este presente que me lastima, por eso, ¡ya
no quiero sentirlo así! no te quiero en mi futuro. No quiero
tener el apego de oxitocina. ¿Sabes? No me daba cuenta
de que apareces en los momentos más tristes de mi vida, te
encubres en la incertidumbre de mis problemas, emerges en
el coraje inconmensurable de mis proyecciones; tu recuerdo
se revela cuando me caen mal muchas personas. Me has
hecho llorar, me has hecho sentir que no importo, me has
lastimado y me has humillado. Te escondes en todas las
emociones que me hacen sentirme mal, que han mermado
mi autoestima, aún existes en esos dolorosos golpes que le
diste a mi cuerpo acompañados de la frase, "me duelen más
a mí que a ti, si te castigo, lo hago por tu bien". Te ocultas en
todos los actos en donde no hay justicia, hoy sé que eres la
parte dolorosa de las lágrimas de desolación, te escondes en
mis silencios incomodos, te encuentras en la realidad terrible
de mi impotencia, aquella que me hace pensar que no debo
sentir lo que siento, eres la nota discordante cuando a veces
tengo calma, me haces levantarme para seguir tratando de
darte gusto, seguir trabajando sin descanso, pensando que
es mi obligación para que tú seas feliz, a pesar de mi agotamiento.

Mis neuronas no quieren sentir más miedo, esa emoción que me paraliza, me domina y me avergüenza. El miedo que incrustaste en mí no me deja ser libre, por eso ya no quiero sentir que me vas a atrapar en el fondo de mis sueños, en la nulidad de mis respuestas, en la impotencia de prever mi futuro y en la inseguridad de mis días. Acepto que este miedo es el que se inicia ante tu desdén, en la irritación de tus palabras, en los cuestionamientos irrefutables de tu mirada, en tu desprecio escandaloso ante el amor que yo te brindaba. Yo siempre te quise, en esa infancia que nunca viste, te entonaba con voz inocente mis sentimientos más puros; te veía como una de las principales personas de mi vida, yo te creía en las pocas veces que decías que me amabas. Porque hoy me ofenden los matices de tu aroma, las ofensas de las cosas que tocaron nuestra vida y el dolor escondido en las formas más inverosímiles de nuestra cotidianidad. Hoy, me quiero más a mí y he decidido que no me sigas haciendo daño. No quiero seguir siendo prisionero de esta ansiedad y tristeza, no puedo brindarte más pensamientos de esperanza, ni justificaciones para buscar que me quieras.

Nunca vas a cambiar, nunca ha sido el objetivo hacerlo, un cerebro no puede otorgar lo que nunca ha aprendido. Y aunque tú nunca has pedido perdón, yo sí te lo otorgo y a través de este acto último de amor, busco perdonarme a mí mismo. Hoy te conviertes en un buen maestro, porque, por si no lo sabes, me enseñaste a levantarme solo, me prepararaste para hacerme mejor, aunque lo dudaras todos los días y no creyeras en mí, me hiciste superarme a pesar de tus ofensivas críticas, no lo esperabas, pero me educaste para hacerme justo conmigo y no dejar que me olvidara de mí. Después de tu proyección de enojo y violencia, cuando nadie lo veía, en las madrugadas, regresaba a la escena de tu agresión a recoger cada pedazo de mi persona tirado en el piso. Dirás que eso no existe, pero en verdad, aprendí a regresarme la mutilación que hacías de mi persona. Hoy no voy a dedicarte una sola injuria, no te voy a decir ni una grosería, eso haría que volvieras a estar con mis emociones y tu presencia se enquistara nuevamente en mis días, ya no voy a pedir justicia, porque hoy sé que sólo el tiempo se la otorga a los justos.

Hoy me toca irme, con mis pocas alegrías, con mis incertidumbres y pocas esperanzas, pero mías, solo mías. Acepto que tú no eres totalmente culpable de todo lo que me has dicho, de lo que me heriste. Tú en algún momento de tu vida fuiste víctima, pero yo no tengo la culpa de esos hechos, de tu pasado, no soy culpable de tus frustraciones. Hoy ya lloré lo suficiente y estuve solo por mucho tiempo, me queda poco tiempo para ser feliz.

Te he escrito estas palabras con tantas lágrimas en mis ojos para despedirte. Te vas de mí. Te quedas aquí, en este punto porque yo lo dispongo. No quiero ese pasado de enojo, de rencor e incertidumbre. Te perdono, pero no olvido. No existirás en las neuronas de mis mejores emociones, ni vivirás en mis sustancias químicas del rencor; te dejo, consciente de que no vas a entrar más en mi vida. Ya el sufrimiento no va conmigo, el dolor basado en vivir de lo que tú querías y aceptarlo en mi vida como si yo lo hubiera querido, no lo aceptaré nunca más, hoy decido por mí. No serás más mi carga moral, no serás más mi disonancia cognitiva, ya no te llevaré en mis ojos agotados, no estarás más en mis manos cansadas. Hoy debo sonreír más por mí, por el futuro: el mío. Me amo, me amo hoy, aquí, me pertenezco a mí, acuerdo por mí. Ya entendí que yo no vine a este mundo a darle satisfacciones a los demás, vine a esta vida a ser feliz. Hoy decido que hay perdón y no miedo, que hay empatía y no rencor, que sí es posible cambiar. Decidí que te quedes con lo que es justo para ti y respiro profundo… dejándote ir.

El lado B de las emociones de Dr. Eduardo Calixto
se terminó de imprimir en junio de 2023
en los talleres de
Impresora Tauro, S.A. de C.V.
Av. Año de Juárez 343, col. Granjas San Antonio,
Ciudad de México